Introducción al concepto Peer-to-Experience y la metodología C²IRCO

El siguiente paso de la Economía Colaborativa

Aprende a generar nuevos modelos de negocio colaborativos

Sebastián Suárez

Twitter: @MisterSebitas
www.facebook.com/MisterSebitas94

EL SIGUIENTE PASO DE LA ECONOMÍA COLABORATIVA

Noviembre de 2017

El siguiente paso de la Economía Colaborativa by Sebastián Suarez Plazas is licensed under a Creative Commons Reconocimiento 4.0 Internacional License.

ISBN: 9781973129899
INDEPENDENTLY PUBLISHED

EL SIGUIENTE PASO DE LA ECONOMÍA COLABORATIVA

Dedicatoria

A mis hermanos, Julieta (10), Felipe (17) y Simón (7), porque gracias a sus gritos, peleas y juegos diarios hicieron de mi escritura un momento de caos intenso; razón por la cuál le veo sentido y luz a mi vida. Gracias, amores. Son mi razón de ser.

A Marta L., mi madre linda. Es difícil describir el todo. Eres la única que se ha aguantado mis largas catarsis de Economía Colaborativa y Blockchain, a pesar de estar terminando tu Master y ser la infraestructura de este hermoso hogar de 5.

A mi padre, Fernando. Una extraña combinación de galán soltero, padre y gran amigo. Nunca habías escuchado de Economía Colaborativa y aun así no dudaste en apoyarme.

EL SIGUIENTE PASO DE LA ECONOMÍA COLABORATIVA

CONTENIDO

La era digital en 3 etapas: antecedentes — **2**

    La llegada de la Economía Colaborativa — 7

El concepto Blockchain: el eslabón faltante — **11**

El problema estructural de la Economía Colaborativa — **15**

P2X: el siguiente paso de la Economía Colaborativa — **21**

    Peer-to-Experience: resumen conceptual — 32

Metodología "C2IRCO": la base fundamental de Peer-to-Experience y su aplicación al turismo mundial — **34**

    Primera parte: $C * C = C2$ — 44

    Segunda parte: I.R.Co — 49

    El rol del residente — 58

    Formación de reputación y confianza digital a partir de la calificación — 60

P2X blockchain: introducción al modelo de negocios — **66**

    El rol del traductor — 72

    Estructura de la aplicación descentralizada — 75

Parámetros esenciales para generar modelos de negocio bajo el concepto Peer-to-Experience — **77**

    Parámetro 1: un problema por encima de todo — 78

    Parámetro 2: la infinidad de posibilidades como base

fundamental 82

Parámetro 3: el tiempo como recurso limitado 84

Parámetro 4: la toma de decisión como necesidad inherente 86

Parámetro 5: la interacción física como consecuencia de la colaboración 87

Parámetro 6: apunta a que 20 personas te amen primero, pero proyecta el futuro a todo el mundo 88

Parámetro 7: la cuarta pata de la mesa es la experiencia 90

Parámetro 8: ¡la importancia de medirlo todo! 92

Parámetro 9: el reto de la estandarización 93

Parámetro #10: monetizando experiencias: un tema de creatividad 93

Turismo mundial: el copo de arena dentro de un mundo de posibilidades **96**

Categorías de la Economía Colaborativa **98**

Referencias **100**

1

La era digital en 3 etapas: antecedentes

El acceso universal a la información ha sido un reto milenario que hoy en día no está ni cerca de resolverse. Durante la edad media occidental sólo un reducido grupo de personas, en cabeza de la iglesia, tenía acceso a información relevante a través de los centros de enseñanza que ellos controlaban celosamente, junto con los más prestigiosos textos. Con la llegada de la imprenta de Gutenberg a mediados de 1450 d.C. estos textos tuvieron la posibilidad de ser parcialmente masificados, pero siguieron evidenciando notables restricciones durante siglos. Hasta hace poco menos de 50 años, a mediados del siglo XX, la mayor fuente de información seguían siendo las bibliotecas. Existía un océano de información en la biblioteca de nuestra ciudad, pero era un océano completamente diferente y dispar a la biblioteca ubicada a 2.000 kilómetros, en cualquier otro país del mundo.

La era de la información, con el desarrollo de la internet durante la última década del siglo XX, es considerada la tercera gran revolución de la historia, después de la era agrícola e industrial. Esta revolución, como su nombre lo indica, presenta como objetivo **democratizar el acceso a la información** a cualquier persona que lo deseara. Sin embargo, lo que hoy conocemos por internet, hace dos décadas ni siquiera estaba concebido, considerando que todavía el fax era un modelo de negocio rentable. Su avance fue estrepitoso y vale la pena resaltar 3 grandes momentos de la era digital, de Albert Cañigueral (2014): unilateralidad, interacción y confianza digital -nombres adaptados-.

Durante la primera etapa, los grandes medios tradicionales utilizaron el internet para ofrecer información de forma **unilateral**. A pesar de estos esfuerzos iniciales, los computadores de escritorio todavía eran aparatos lujosos y, por ende, la **fuerza de red** era muy incipiente. En pocas palabras, internet se comportaba como la radio o el televisor, con la única diferencia que era el usuario el que buscaba lo que quería leer.

Pensemos cuando hace unos años íbamos en carro escuchando la radio, nuestra emisora favorita, y aparecía esa ronda de interminable publicidad paga que solo deseábamos omitir. De pronto escuchábamos un comercial de la cadena hotelera Hilton que no nos gustaba. ¿Qué podíamos hacer? bueno, en realidad no demasiado, ya que hace unos años la comunicación **Empresa-a-Consumidor** estaba concebida de una forma completamente unilateral. **La empresa te habla y tú escuchas**. Eso mismo sucede con el televisor hoy en día e inicialmente el internet intentó seguir sus pasos, pero evolucionó rápidamente.

La segunda etapa viene marcada gracias a la consolidación de un concepto que cambió la historia de las redes: **la interacción.** Durante esta etapa suceden cuatro acontecimientos relevantes:

- El primero es que gracias al concepto de interacción, las empresas tuvieron la valiosa posibilidad de recibir feedbacks en tiempo real de sus consumidores, fortaleciendo el concepto de **bidireccionalidad**, concepto que hoy en día está para quedarse. Si algo no le gustaba al usuario, era libre para expresarlo directamente a la empresa. La comunicación mediante el internet era mucho más económica y efectiva que por los medios tradicionales y el consumidor pasa a ser el centro del marketing.

- El segundo acontecimiento es el nacimiento de la **creación de contenido independiente** mediante **los blogs y las páginas web**. Ahora, la información ya no era exclusiva de los poderosos medios, ya que cualquier persona tenía la facultad para escribir y difundir su contenido de forma masiva y barata.

- El tercer acontecimiento, y uno de los más importantes, fue **el fortalecimiento de las relaciones digitales** mediante la creación de redes sociales como Facebook y Youtube, dando nacimiento al concepto de **confianza digital**. Aunque una tercera persona no estaba presente, se podía tener la seguridad de que se estaba comunicando -interactuando- con ella y de que la información personal iba a estar a salvo. Si la experiencia en internet es segura, la tecnología se puede disfrutar con tranquilidad, convirtiendo esta tendencia tan natural como mirar TV en el sillón de la casa -y hoy es mucho más natural que eso-.

- El cuarto y último acontecimiento, pero no por eso el menos relevante, es el hecho de que internet se vuelve omnipresente y gracias a su omnipresencia esto "(...) reduce los costos de comunicación marginales a casi cero" (IBM,

2016), con herramientas como el E-mail o Scale-ups como Whatsapp o Telegram. Justamente este es uno de los grandes y poderosos avances que ha tenido internet. El costo de mostrar un texto de forma universal en la era de Gutenberg era prácticamente impensable, pero en el siglo XXI solamente se necesita de un par de clicks.

De acuerdo a mi punto de vista, todo lo anterior da lugar al desarrollo del **comercio electrónico.** Si la comunicación es efectiva, la confianza digital es un pilar inquebrantable y la interacción multilateral es la infraestructura de la red, se abre la posibilidad para que las personas puedan realizar intercambios económicos, con el apoyo de un intermediario como Ebay, Mercadolibre o Amazon, y puedan pagar a través de PayPal, Visa o Stripe, generando seguridad. La celebración de transacciones online es un hito para la Economía en general, ya que agiliza los procesos logísticos de forma exponencial y permite la compraventa masiva de bienes o servicios sin importar la distancia geográfica. No en vano, en el año 2015 este mercado movilizó más de 25 billones de dólares (25.293.000.000.000), 90% por concepto B2B y el 10% restante mediante B2C. (UNCTAD, 2017).

Como el lector ya se habrá dado cuenta, los temas abordados hasta el momento hablan tanto de tecnología como de Economía y la razón de ser es que el espectro de este libro se enmarca en lo que es conocido como Economía Digital. La siguiente definición de Business Week, Del Águila, A. y et al., citado por San Cristobal, D. (2015) me parece fundamental porque enmarca todo lo anteriormente hablado:

> La economía digital define un nuevo sistema socio-político y económico, caracterizado por un **espacio inteligente que se compone de información, instrumentos de acceso y procesamiento de la información y capacidades de comunicación** [1] [4]. Los componentes de esta economía son: la industria de las TIC, el comercio electrónico entre empresas, la distribución digital de bienes, servicios y contenidos y el apoyo a la venta de bienes tangibles, especialmente aquellos sistemas y servicios que utilizan Internet. (San Cristobal, 2015: p.1).

La llegada de la Economía Colaborativa

Por último, la tercera etapa es el nacimiento y posicionamiento mundial del concepto de **Economía Colaborativa** (Botsman, 2013; Cañigueral, 2014). Además de contemplar el componente digital y tecnológico, es importante resaltar que esta corriente tiene un fuerte antecedente económico y financiero, que, de pasar por encima de este, el impacto no sería tan significativo como realmente lo es: la crisis subprime del año 2008[1]. Este acontecimiento trajo

---

[1] Existe múltiple bibliografía al respecto. Recomiendo ¡Acabad ya con esta crisis! de Paul Krugman, 2012.

desconfianza, no sólo sobre las instituciones financieras y .gubernamentales establecidas, sino que se puso en tela de juicio la validez de la filosofía del capitalismo hiperconsumista[2]. La Economía Colaborativa **es un replanteamiento de las relaciones económicas de los agentes sociales**, y se establece una máxima: "el acceso a las cosas es mejor que la posesión de las mismas" (Cañigueral, 2014, p:14). ¿Y cómo se logra esto? compartiéndolas y/o intercambiándolas entre una comunidad establecida digitalmente; parafraseando a Cañigueral (2014), no se trata de dejar de comprar, sino de evitar comprar todo[3].

Antes de proseguir, considero importante hacer un breve énfasis sobre de la crisis. La Crisis Subprime del 2008 -que 9 años después de esto muchos países occidentales no han subsanado sus economías del todo- trajo consigo que, tanto los ahorros de un gran porcentaje de la población como sus empleos se perdieran. Es más, no es del todo una coincidencia que Airbnb sea una de las pocas startups que logró ser "unicornio" -startups valoradas por encima de los USD 1.000 millones. (Noyan, 2016)- encontrándose bajo un entorno de crisis hipotecaria. Esta startup brindó una alternativa para reutilizar los inmuebles

---

[2] Es importante resaltar que, pese a que la crisis subprime fue desatada principalmente por un manejo irresponsable de múltiples instrumentos derivados, la causa si fue económica: un consumo elevado y sin sentido de activos inmobiliarios.

[3] No se trata ni de capitalismo puro ni de una búsqueda por una Economía social. De la misma forma natural que surgió, la Economía Colaborativa está más allá de las posturas políticas.

golpeados. Teniendo en cuenta este suceso, las personas no podían permitirse comprar todo lo que antes de la crisis estaba dentro de sus posibilidades, así que se vieron obligados a recurrir a prácticas no convencionales: **pedir prestado lo que no tenían y prestar lo que no utilizaban con frecuencia. ¿Dejaban de disfrutar los bienes que no poseían? no, porque así no fueran suyos, podían acceder a ellos, y muchas veces de forma gratuita.**

Existe una analogía interesante que vale la pena resaltar, para poder comprender la tesis de la Economía Colaborativa de forma intuitiva: "Es lo que se ha hecho toda la vida con familiares y amigos…" (Cañigueral, 2014). ¿Qué sucede cuando van de viaje? se prestan los carros o las casas. ¿Qué pasa cuando se necesita con urgencia una suma mesurada de dinero? se pide prestado a los padres o a los amigos cercanos. ¿Y cuándo se necesita un taladro o una BBQ? el hito de la Economía Colaborativa es que súper amplifica esta práctica a través de la tecnología. Es relevante analizar cómo.

La gente ya confiaba en el poder del internet y en la efectividad de comunicarse a través de este. La confianza en la red se posiciona creando lazos digitales como nunca en la historia se había visto. El objetivo entonces de la Economía Colaborativa, es utilizar "el poder de las redes distribuidas para organizar a una comunidad alrededor de unos intereses comunes." (Cañigueral, 2014, p. 94), es decir, se trata de **reunir y organizar, a través de la red, a comunidades digitales que compartan fines**

en común, creadas a partir de cimientos de confianza y reputación, para que puedan ejercer relaciones económicas, mediante transacciones online, pero que el impacto y la interacción ocurra en un espacio físico. O en otras palabras, se busca trasladar la confianza digital al mundo real.

¿Si lo anterior no puede ser considerado revolucionario, entonces tener una herramienta natural para prescindir de las instituciones intermediarias tradicionales lo es? ¿Para qué tomar taxi, si puedo compartir el carro de alguien más?, ¿para qué ir a un hotel, si puedo hospedarme en la casa de alguien más?, ¿para qué pedir prestado dinero en un banco, si alguien más me puede prestar, sin importar su nacionalidad, idioma o condición, gracias a los poderes digitales?. La corporación es vista como una entidad fría y distante, pero el prójimo no. **A partir de este suceso, el concepto de Business -to- Consumer (B2C), puede, progresivamente, ser reemplazado por el concepto Consumer -to- Consumer (C2C), o, si no se trata de una relación estrictamente económica, por el concepto Peer-to-Peer (P2P).**

2

El concepto Blockchain: el eslabón faltante

El 31 de octubre de 2008 -fecha nada coincidencial con la crisis subprime- un individuo bajo el seudónimo de Satoshi Nakamoto publicó un Paper redefiniendo la manera de realizar transacciones online Peer-to-Peer, sacando a la luz el concepto de Bitcoin -Bitcoin es la tecnología subyacente y bitcoin, con minúscula, se refiere a la moneda digital que la soporta-. **En resumidas cuentas, Satoshi desarrolla una forma para prescindir de toda clase de intermediario financiero para poder ejecutar transferencias de valor entre pares, a través de internet.** El internet desarrolló la manera para transferir datos e información entre pares de forma inmediata; Satoshi propone transferir valor, revolucionando toda la infraestructura del sistema monetario mundial conocida por el hombre.

Lo relevante en la publicación de Nakamoto (2009) no es en sí la moneda digital llamada bitcoin, sino la infraestructura tecnológica que la soporta: Blockchain.

> *Una cadena de bloque -o Blockchain- es una arquitectura de computación distribuida donde cada nodo de red ejecuta y registra las mismas transacciones, que se agrupan en bloques. Sólo se puede agregar un bloque a la vez, y cada bloque contiene una prueba matemática que verifica que se sigue en secuencia desde el bloque anterior. De esta forma, la "base de datos distribuida" de la cadena de bloques se mantiene consensuada en toda la red. Las interacciones individuales del usuario con el libro mayor (transacciones) se aseguran mediante una fuerte criptografía. Los nodos que mantienen y verifican la red están incentivados por incentivos económicos*

> *aplicados matemáticamente codificados en el protocolo.* (Ethereum, 2016).

En otras palabras, Nakamoto expresa que el dinero -y el sistema monetario- no es más que un sistema de contabilidad soportado en un consenso de confianza entre todas las computadoras conectadas en una red (nodos). Si se puede replicar ese sistema de confianza mediante un libro de contabilidad distribuido en la red que todas las partes conozcan, verifiquen y respalden, a partir de tecnología criptográfica asimétrica, entonces se puede reemplazar al sistema tradicional de banca central. En consecuencia, se pueden transferir datos informáticos encriptados en forma de valor, o, dinero. "Es necesario, por tanto, un sistema de pago electrónico basado en prueba criptográfica en lugar de confianza, permitiendo que dos partes interesadas realicen transacciones directamente entre ellas, sin necesidad de un tercero de confianza." (Nakamoto, 2009).

> *Facebook nos dió la confianza en la red, Internet nos dió el acceso a la comunicación instantánea y Blockchain nos da la seguridad y la pieza faltante para la consolidación de ecosistemas de negocios colaborativos P2P.*

Blockchain, más que una cuarta etapa de desarrollo, puede ser una tecnología que soporte todo el movimiento de Economía Colaborativa y modifique las relaciones humanas como las conocemos hasta el momento. Algunos teóricos dicen que va a ser el próximo internet y otros, como Jon Evans[4], "(...) asegura que las redes blockchain no son el nuevo internet, sino el nuevo Linux, es decir, tecnologías complejas que el usuario final no quiere usar." (Gimeno, 2017), pero aislando todas las suposiciones, Blockchain puede ser el eslabón que elimine los costos de transacción mundiales, establezca una democracia transparente y replantee la necesidad de seguir utilizando sistemas centralizados en las organizaciones.

Blockchain tiene la capacidad para perfeccionar a la Economía Colaborativa, más que ser una rama de esta.

---

[4] Jon Evans es novelista canadiense, periodista e ingeniero de software.

3

El problema estructural de la Economía Colaborativa

Gracias a la Economía Colaborativa fue posible la interacción física y masiva entre pares desconocidos, mediante sistemas digitales de confianza y reputación; y gracias a Blockchain[5] esa confianza digital se fortalece y permite realizar transacciones online subyacentes a la interacción física de forma

---

[5] Es importante resaltar que el teléfono fue regulado 37 años después (1876 - 1913). La regulación no tiene correlación con el impacto.

inmediata, sin la necesidad de ningún intermediario financiero. Estas dos corrientes "(...) está en una fase muy temprana" (Gimeno, 2017), por lo que aún les hace falta evolucionar a escenarios impensables, y, pese a esto, ya han modificado para siempre la forma de relacionarse en sectores turísticos, de movilidad, financieros y laborales, además del desarrollo de conceptos como ciudades colaborativas -siendo Amsterdam la primera "ciudad Sharing" de Europa (Vallejo, 2017)- y smart cities, que quieren modificar urbanamente las urbes. También han nacido propuestas para modelar la relación personal, laboral y organizacional de los agentes, a través del coworking, crowdsourcing y coliving.

Martín es un viajero alemán; vive en Miami y va de vacaciones una semana a Montreal. A través de las plataformas de Economía Colaborativa puede alojarse en la habitación de Jack - o en su apartamento entero - por un pago moderado. Además de eso, puede conducir el auto de Jacob por un precio mucho más accesible que el de un taxi -o acompañarlo en sus trayectos- y hasta puede asistir a una cena en el hogar de Lily y ser el comensal invitado. La Economía Colaborativa no depende de clases sociales, ya que se puede alquilar una noche en un castillo -literalmente-, o se puede quedar en el sofá de Eduardo, en su pequeño apartamento, gracias al Couchsurfing. Durante su corta estadía, pudo asistir a un musical maravilloso, visitar un parque tranquilo con un bello atardecer y desayunar en un restaurante inolvidable a las afueras de la ciudad. Ahora bien, ¿Quiénes son

Jack, Jacob y Lily? Canadienses **desconocidos** que abren sus puertas como si fueran amigos de Martín.

Antes de continuar, considero necesario realizar una clasificación cualitativa de las manifestaciones de esta corriente con respecto a dos de sus parámetros más esenciales: nivel de interacción física y usabilidad masiva.

1. Con respecto al consumo colaborativo, el llamado Swapping y/o Second Hand, **la interacción física P2P directa es necesaria** para el intercambio del bien en cuestión -acordado y negociado por medios digitales-, a menos que se utilice algún intermediario logístico. Esta es una de las principales razones del porqué sus manifestaciones tienen limitaciones geográficas muy específicas, como barrios o comunidades cercanas. Es importante resaltar que el producto en cuestión no puede ser utilizado -o reutilizado- al mismo tiempo por más de una persona; es decir, la relación Consumer -to- Good es única y exclusiva, temporalmente hablando (Ej. pensemos en el préstamo de un taladro, un BBQ o una maleta de viaje.)

2. Otra de las manifestaciones de la Economía Colaborativa es la colaboración de servicios profesionales, como crowdsourcing, time bank, coworking. Estas corrientes son concebidas como híbridas, ya que se pueden

ejercer tanto en ambientes digitales exclusivos, en ambientes físicos exclusivos o en ambos al mismo tiempo. **El nivel de interacción física es flexible** de acuerdo a requerimientos específicos de eficiencia. Miles de personas pueden interactuar con estos proyectos al mismo tiempo, siempre y cuando la interacción sea digital en una mayor proporción, por temas obvios de espacios físicos.

3. Con respecto a la colaboración de servicios -sin ningún bien subyacente en cuestión, por ejemplo, un auto o una vivienda-, como Open Code, Coops -cooperativas digitales-, P2P Finance, MOOCs o P2P Music & Video, la **interacción física baja exponencialmente**, ya que son concebidas para ambientes digitales. Por su misma naturaleza, esta clase de servicios pueden ser utilizados por una cantidad ilimitada de personas al mismo tiempo, sin afectar la calidad de los mismos, es decir, tienen una usabilidad masiva importante.

4. En contraste con lo anterior, existen manifestaciones de servicios, una de las más famosas y representativas, cuya naturaleza implica tener **una interacción física alta, directa y exclusiva** como el Coliving, P2P Learning, Social Eatings, Couchsurfing, Home Swapping -o intercambio de casas-,

Carpooling, Bikesharing, Ridesharing -viajes compartidos- o Short Rental -alquileres P2P-. Como sucede en el caso de consumo colaborativo, la usabilidad masiva es prácticamente imposible, ya que el P2P se aplica de forma presencial. En el caso de la historia de Martín, para disfrutar del auto, estadía y cena compartida fue **necesaria la inclusión de un tercero desconocido** -Jack, Jacob y Lily-, llegando a una primera conclusión del desarrollo de la Economía Colaborativa como alternativa de relaciones de intercambio:

Dentro de la Economía Colaborativa el nivel de interacción física es inversamente proporcional a la usabilidad masiva.

¿Cuál es la palabra clave de la Economía colaborativa? sin duda alguna, una de las más importantes es la siguiente: **la reutilización (de los recursos tangibles e intangibles).** ¿Y cuál es una de sus causas más importantes? simple -y sumamente complejo a la vez-: la infrautilización en la era capitalista. ¿Y cuáles son sus consecuencias? una de ellas es la optimización. ¿Y la materia prima? todos nosotros.

El problema, en consecuencia, se resume en lo siguiente: *se pretende optimizar los recursos tangibles e intangibles a través de la reutilización de los mismos, por medio de la creación de comunidades digitales organizadas, gracias al apoyo de la tecnología, pero en ninguno de los casos puede convivir el alto nivel de interacción física con una usabilidad realmente masiva al mismo tiempo, siendo estos los pilares de la misma corriente.* Como solución a este problema, nace la propuesta **Peer-to-Experience**.

4

P2X: el siguiente paso de la Economía Colaborativa

Volviendo a la historia de Martín, se observa que en su viaje de una semana a Montreal tuvo la oportunidad de vivir 7 experiencias diferentes; 3 de ellas con desconocidos y 4 en lugares que solo va a documentar en sus recuerdos o, en su defecto, en su red social favorita, de manera incompleta.

¿Por qué viajar a Montreal y no al sur de Tailandia, a la selva amazónica o a las islas Fiji? bien pudo haber sido porque simplemente quería viajar a Montreal o quizá por **desconocimiento natural**. ¿Que hay en esos lugares? si no lo sabe, es posible que no vaya a conocerlos. De acuerdo a la Millennial Traveller Report -GTR- (2016), **a los viajeros no les gusta ir a lugares nuevos sin referencias comprobadas o verificadas**. Ahora bien, ¿Alguien ha viajado a esos lugares? si no decenas de millones de personas, si millones, sin incluir a sus residentes.

¿Y existe un lugar centralizado donde esas personas puedan colaborar compartiendo sus experiencias para que las demás puedan inspirarse, hacer maletas, tomar un avión e ir a vivir esa experiencia? no y el 42% de los viajeros toman sus decisiones de viaje a partir de la inspiración en la web (GTR, 2016) y en redes sociales, dedicando 19% de todo su tiempo para ello (Blog del turismo, 2015). ¡Atención!, puede que la información se encuentre en la red, pero no existen métodos para que las personas puedan inspirarse fácilmente, sin necesidad de buscar la página oficial de ese lugar específico -de existir-.

Así pues, Martín vivió 7 experiencias, lo cual conlleva a una pregunta elemental: ¿Fue su mejor elección? Martín se sintió satisfecho, pero existe una gran probabilidad que hubiera estado mejor si hubiera visitado otros sitios -o hasta otras ciudades-, de **acuerdo a sus necesidades, gustos y expectativas.** Sin embargo, es complejo cuantificar eso porque no existe punto de comparación objetivo. Existen unos supuestos que, si bien no son aplicables para toda la población viajera y turista, si se puede crear una generalización: los viajes se realizan bajo una estricta planeación temporal y durante su estadía ellos tienen que *optimizar su tiempo* y elegir los mejores lugares para maximizar su satisfacción personal.

Por decirlo de otro modo: **su recurso intangible más limitado e irrecuperable** no es el dinero -aunque, por supuesto, el presupuesto estimado es proporcional al lugar de viaje-, **es el tiempo.** *Si una de las consecuencias de la Economía Colaborativa es la optimización de los recursos, ¿Puede utilizarse esta corriente para mejorar la experiencia de viaje?* si, pero primero es relevante ahondar un poco en el problema, para observar claramente sus magnitudes.

En el mundo existen aproximadamente 1.961.969 ciudades. Una ciudad es una aglomeración geográfica que aloja a más de 100.000 habitantes, lo que implica que esta cifra excluye a todas las aglomeraciones por debajo de esta[6]. Para conocer nuestro mundo en su totalidad, (atención: conocer no es igual a vivir una experiencia) **es necesario visitar una ciudad diferente cada 20 minutos, aproximadamente,** durante 70 años seguidos, sin dormir, comer o detenerse. ¿Y qué significa esto? que el ser humano promedio no tiene ningún tipo de probabilidades físicas -ni fisiológicas- para conocer el planeta que habita.

---

[6] Dato extraído de http://www.cuantas.net/ciudades-hay-en-el-mundo/

Para poder continuar con el escrito, es prudente dar una corta definición de quien es considerado viajero, en contraposición a turista (para después analizar el concepto contemporáneo de post-turista): viajero es la persona que tiene la innata preferencia de vivir una experiencia por encima de sólo ver monumentos. (Villacija, 2017). De acuerdo a otro punto de vista, "(...) El famoso escritor de viajes, Javier Reverte, contrapone ambos términos ahondando en las razones del viaje. Para el viajero largarse es su principal pretexto. En cambio, el destino es para el turista la razón de su viaje." (Viajero, turista y post-turista, 2013).

Lo anterior es especialmente relevante porque cada viajero (y turista) tiene sus propias **necesidades, expectativas y gustos,** pero la finalidad y el concepto de éxito es el mismo: *vivir una experiencia a su modo.* **Es decir, se va a maximizar la satisfacción personal cuando se pueda tener acceso a las mejores experiencias, subjetivamente hablando.**

Vivir EEUU no es lo mismo que conocer la estatua de la libertad o cruzar el puente de San Francisco.

He aquí una anotación consecuente: ¿a alguien le interesa conocer TODO el mundo? posiblemente no -y muy seguramente no-. A las personas les interesa conocer lo que esté estrictamente alineado a sus necesidades, gustos, hobbies y expectativas. Si estas pueden ser cubiertas en algún lugar dentro de esas casi 2 millones de ciudades que no conozco, pero que inherentemente desearía conocer, entonces la respuesta ya sería positiva. La pregunta es, ¿dónde las encuentro? recordemos que los viajeros son aversos a ser los primeros en visitar lugares sin referencias y eso es un gran problema para la exploración de experiencias; y ¡alto! ¿Eso significa que el mundo no está conocido en su totalidad -por lo menos la parte terrestre? por ningún motivo. Cada rincón del mundo ha sido recorrido varias veces en el transcurso de la historia; el conflicto es que las experiencias vividas detrás de este nunca se han registrado y sistematizado para el goce de generaciones futuras y/o actuales. Es en este punto donde la tecnología y la Economía Colaborativa pueden tener un impacto relevante.

Existen aproximadamente 7.000 millones de personas en el mundo. Si cada una de estas ha tenido 30 experiencias gratificantes y contagiosas en su vida, hay un total de 210.000 millones de experiencias ocultas en los recuerdos de la humanidad -siendo conservadores, claramente-. ¿Podemos vivirlas todas si estuvieran a disposición del público gracias al acceso de la información y a los avances tecnológicos? no, y tampoco es de completo interés hacerlo, como se había especificado anteriormente. Lo que sería de especial interés sería vivir aquellas experiencias que cubren nuestras necesidades, gustos y expectativas, pero que no conocemos por falta de información. ¿Y cómo? **muy seguramente alguna otra persona del mundo las haya vivido ya.**

A modo de suposición, si un viajero promedio se encuentra interesado en vivir el 0,00001% de estas experiencias, ya sea por su afición a los parques, al tenis, los atardeceres y las carreras de autos -entre muchos otros-, también le es humanamente imposible, ya que tendría que vivir -y no solo conocer un monumento histórico- casi una experiencia al día, durante 70 años, sin dormir o descansar -a menos que ese sea uno de sus hobbies-.

En resumen, **existen miles de millones de experiencias, millones de ciudades, cientos de países y solo decenas de años para vivirlas.** El tiempo es el recurso más limitado del ser humano, y, por ende, hay que saberlo aprovechar.

> *El problema se resume en 3 parámetros: Existe infinidad de posibilidades, hay un recurso intangible limitado que impide vivir todas las posibilidades y, por ende, el acto de viajar requiere de una serie compleja de tomas de decisión.*

El acto de viajar requiere de una serie compleja de tomas de decisión. Y hasta el momento, dicho acto ha estado envuelto en estándares de incertidumbre extremadamente elevados. Es momento de cambiar de perspectiva y actuar al respecto, utilizando la infraestructura de la Economía Colaborativa, al mismo tiempo intentar subsanar su problema estructural, analizado anteriormente.

Pensemos en dos personas amantes de un deporte en específico, por ejemplo, el montañismo. ¿Cuál es la probabilidad de que un somalí -en específico-, se encuentre con un brasilero -en específico- para interactuar físicamente y vivir una experiencia -de su agrado mutuo- juntos, entablada inicialmente a través de los medios digitales? quizá una entre millones. Sin embargo, si existe una probabilidad mayor que en algún momento de sus vidas hayan visitado un lugar en común, en pro a sus necesidades y gustos compartidos. Mejor aún, es posible que el somalí se encuentre con una experiencia de montañismo, entablada por el brasileño, *sin siquiera buscarla.* **Es posible que el somalí nunca tenga el placer de conocer personalmente al brasileño, pero existe una probabilidad para que él pueda encontrarse con una de sus experiencias, vivirla, co-crear sobre esta una propia y auténtica y fortalecerla para la llegada de futuros viajeros.**

Peer-to-Experience es un concepto encaminado a la creación masiva de comunidades digitalmente organizadas, bajo cimientos de confianza y reputación, en torno a un fin común: vivir una experiencia. Sin embargo, existe una diferencia fundamental en cuanto a las comunidades tradicionales en la Economía colaborativa: la interacción física se manifiesta de una forma elevada, **pero en momentos temporalmente aislados.** *Sí,* *apoyados en la tecnología, se crea un escenario digital que le ayude al viajero a tomar decisiones de viaje de acuerdo a sus necesidades, gustos y expectativas, a través de la reutilización de experiencias pasadas, plasmadas por terceros desconocidos, no sólo pueden llegar a conocer digitalmente el mundo, sino que también pueden visitar y vivir experiencias verificadas, que anteriormente estaban ocultas, trayendo como consecuencia la optimización del recurso más limitado de todos: el tiempo.*

Retomando por un momento el viaje de Martín, ¿Cuántas personas han ido a Montreal, amantes de los musicales, que no pudieron asistir al musical que asistió Martín por culpa de la ausencia de información? quizá decenas de miles. Y en este punto es donde toma importancia la necesidad de re-utilizar experiencias pasadas de terceros desconocidos -como Jacob, por ejemplo-, a partir de componentes de colaboración, por dos razones:

1. Martín pudo guardar su experiencia del musical en el escenario digital propuesto y automáticamente se desencadenan dos posibles consecuencias:

    a. Los potenciales viajeros que no están en Montreal, pero que están navegando en sus dispositivos se pueden dar cuenta que en esa ciudad existe ese musical. Si les interesa, pueden planear un viaje a

Montreal y asistir (acceso a la información gracias a la reutilización). Si no les interesa, por lo menos tienen el conocimiento necesario para tomar una decisión ágil e inteligente.

b. A los viajeros que se encuentren en un radio definido de Montreal, amantes de los musicales, les llega la notificación de que Martín, un total desconocido, recomienda una experiencia verificada cerca de ellos que cumple con sus expectativas, gustos, necesidades y deseos. Estos viajeros pueden asistir y maximizar su satisfacción personal, co-crear una experiencia auténtica sobre la experiencia reutilizada de Martín, y fortalecerla para que los próximos viajeros que ingresen a sus dispositivos puedan inspirarse y conocer una posible experiencia, que de no viajar a Montreal y pasar exactamente por donde pasó Martín, nunca hubieran tenido la oportunidad de conocer.

2. Martín tiene sus propias necesidades, gustos y hobbies; uno de ellos es el de ver atardeceres (los amantes de los atardeceres saben bien que, aunque el sol es el mismo, la perspectiva y el lugar cumplen un papel fundamental). Si un viajero, en esa ocasión, un mes o un año antes hubieran plasmado una experiencia de un atardecer en una montaña oculta de

Montreal, Martín la hubiera podido reutilizar para co-crear su propia experiencia y fortalecerla para futuros viajeros. Es más, gracias a esto, Martín hubiera podido haber tomado la decisión acertada de no visitar Montreal, sino ir a visitar Salento, Colombia, pues tras una introspección de sus pasiones, y gracias a un compendio de experiencias verificadas pasadas de terceros desconocidos, se dió cuenta que Montreal no era el sitio adecuado para maximizar su satisfacción personal.

De acuerdo a esto, el Peer-to-Experience no solo fortalece el nivel de interacción física entre la persona y la experiencia, aislada temporalmente del creador, ayudando a la toma de decisión del viajero, sino que también puede solucionar el problema estructural de la Economía Colaborativa: la imposibilidad de usabilidad masiva ante interacción física elevada. Cualquier viajero puede vivir una experiencia a la vez de forma estrictamente física -o digital-, pero miles de personas la pueden vivir también al mismo tiempo, sin restricción alguna. Dicho de otra forma, la reutilización de experiencias de viaje, a partir de la creación de comunidades organizadas digitalmente en una aplicación móvil, tienen la capacidad de maximizar el nivel de interacción física y la usabilidad masiva al mismo tiempo, optimizando el recurso intangible más valioso conocido por el hombre: el tiempo.

La colaboración entre particulares, sin un intermediario, en pro de la reutilización de recursos infrautilizados, está para quedarse. La tecnología con fines concretos, es beneficiosa para las personas, y la Economía Colaborativa tiene la capacidad de impactar en cualquier sector de cualquier país, y eliminar progresivamente las fronteras geográficas y los intermediarios que entorpecen los procesos sociales. Para una aplicación enfocada en la experiencia de viajar tiene 3 retos elementales:

1. Aplicar exitosamente el concepto Peer-to-Experience en entornos tecnológicos.

2. Comprender en detalle el proceso que tiene un viajero, desde el momento de concebir la posibilidad de viajar hasta que vuelve a su destino inicial y,

3. Crear una aplicación que sepa modelar ese proceso de forma natural e intuitiva, para que el viajero se sienta motivado a utilizarla con frecuencia y encuentre la generación sustancial de valor esperada, en cuanto a la facilidad de tomas de decisión y la maximización de su satisfacción personal.

Reto adicional: durante todo el escrito se observa el objetivo de eliminar cualquier tipo de intermediario que pueda entorpecer procesos sociales y democráticos, y, siendo uno de los máximos aspectos motivacionales de la filosofía colaborativa, instaurar una plataforma tecnológica que aplique el concepto Peer-to-Experience en el sector turístico mundial de forma centralizada, es decir, cuyos dueños sean una empresa intermediaria tradicional, concebida como modelo de negocios, rompe parte de esta filosofía.

Es aquí donde se quiere solucionar este aspecto con la introducción de una tecnología revisada con anterioridad: Blockchain; es decir, que el entorno tecnológico que sostenga al concepto Peer-to-Experience sea descentralizado y distribuido en iguales condiciones a cada viajero que contribuya a la comunidad de reutilización de experiencias.

Peer-to-Experience: resumen conceptual

Peer-to-Experience como propuesta conceptual, se puede resumir en cuatro (4) grandes preguntas:

1. **¿Qué hace?:** Peer-to-Experience mejora el ratio de respuesta en las tomas de decisión ante un suceso que requiera de un proceso.

2. **¿Cómo lo hace?:** Reutilizando experiencias de terceros desconocidos -y de amigos- a partir de entornos y tecnologías de geolocalización en tiempo real e interacción digital.

3. **¿Para qué lo hace?:** para cumplir las expectativas, necesidades y gustos, bajo elevados ambientes de incertidumbre, con el fin de maximizar la satisfacción personal.

4. **¿Por qué lo hace?:** porque pretende optimizar el recurso más limitado de todo ser humano: su tiempo.

5

Metodología "C2IRCO": la base fundamental de Peer-to-Experience y su aplicación al turismo mundial

Para aterrizar un concepto al mundo real, y en etapas posteriores poder llegar a aplicarlo a un modelo de negocios escalable, sostenible y creciente, es necesario diseñar una metodología en la que se pueda manifestar el concepto, apoyándose en procesos empíricos medibles. Para el caso específico del turismo mundial, un viajero pasa intuitivamente por unos procesos, que requieren de una serie de tomas de decisión, con el fin de maximizar su satisfacción. En otras palabras, el viajero desea que sus decisiones tomadas sean tal que lo hagan feliz durante su viaje, para así poder compartirlas satisfactoriamente.

De forma elemental, si se desea establecer una metodología para optimizar recursos intangibles escasos con la finalidad de maximizar la satisfacción ante la realización de un proceso, es importante desglosar de forma detallada dicho proceso, tal como sigue:

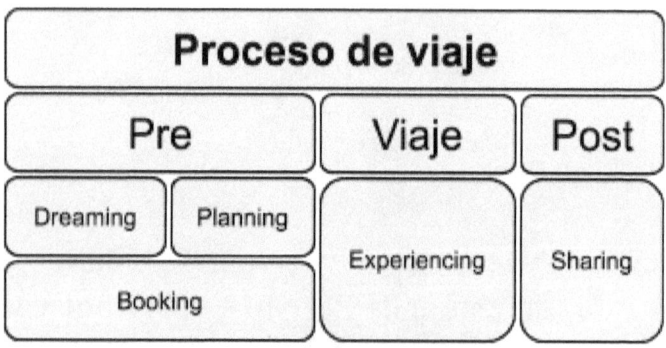

Elaboración propia, tomado de Blog del turismo (2013)

Como se puede observar en la imagen anterior, el proceso se divide en 5 etapas, principalmente:

1. **Dreaming:** es el proceso natural de inspiración que tiene un viajero para poder elegir su destino.

2. **Planning:** es el proceso por el cual el viajero decide planear su viaje, de acuerdo al destino

elegido y a sus expectativas, necesidades y gustos.

3. **Booking:** es el proceso por el cual el viajero decide reservar actividades, hoteles y vuelos, entre otros.

4. **Experiencing:** esta etapa comprende todo el proceso vivencial durante el viaje de un viajero.

5. **Sharing**: la distribución de sus experiencias, en forma de fotos o localización, a través de las redes sociales.

A partir de este proceso, ciertos parámetros se pueden desglosar aún más, en forma de pregunta, para poder comprender de forma efectiva que quiere abordar la metodología:

Elaboración propia

Para que la metodología funcione es necesario que, de forma intuitiva, el viajero pueda responder estas preguntas de forma interactiva, centralizada -es decir, que pueda ejercer el proceso para cualquier lugar del mundo- y sin orden establecido, **de manera tanto digital, como física, utilizando más componentes físicos que digitales; es decir, utilizando principalmente el experiencing como materia prima y el sharing como "canal de distribución".**

Una corta explicación:

1. **¿Para qué quiero viajar?:** ¿Cúal es mi verdadera motivación para viajar? nadie viaja para ver un monumento y devolverse a la casa - a pesar de que el turismo en cierta medida se haya convertido en rutinas militares -. En este punto es donde están bien las siguientes palabras, entre otras:

    - Practicar un deporte
    - Descansar
    - Vivir una aventura de alto riesgo
    - Sentarse con la pareja al lado del mar

2. **¿Con quién quiero viajar?:** Este es un punto importante, ya que el "a dónde" y el "para qué" se moldean en gran medida por este detalle, que muchas veces pasa desapercibido - menos en Las Vegas, donde normalmente no esperamos realizar viajes familiares y tranquilos -. Aquí los ejemplos más comunes:

- Familia
- Soltero
- Esposa
- Amigos

3. **¿A dónde quiero viajar?:** Otra práctica interesante es decir algo como "quiero ir al mar", sin pensar en una ciudad en especifica. ¿Cuántas playas existen en el mundo? demasiadas. Tener experiencias interesantes no solo por lugares, sino por sitios, puede brindarnos un panorama mucho más amigable para la toma de nuestras decisiones.

- Campo
- Mar
- Montaña
- Desierto

4. **¿A qué lugar quiero viajar?:** Aquí es donde entran las casi dos millones de ciudades. Fíjese que este punto representa solamente el 12,5% del total de las preguntas, lo que amplifica la complejidad de las decisiones. Sin embargo, es donde la inspiración de terceros más puede llegar a influir, ya que… ¿cuantos nombres de ciudades tenemos memorizados en realidad? ¿1.000?. quizá existan muchas personas que puedan nombrar más del 10% de las ciudades del mundo, pero no debe ser el común promedio de estas.

Dejarnos inspirar con lugares nuevos verificados es la parte más excitante del asunto.

- Otanche, Colombia (la ciudad de las esmeraldas).
- Yakutsk, Siberia (la ciudad más fría del mundo).
- Jericó, Cisjordania (la ciudad más antigua del mundo).
- La Rinconada, Perú (la ciudad más alta del mundo).

Ahora bien, ¿cuántas experiencias fascinantes y contagiosas se pueden concebir y reutilizar sólo en las ciudades nombradas anteriormente?

5. **¿Con cuánto quiero viajar?:** El dinero es un factor fundamental, ya que si queremos viajar al otro lado del mundo en familia, somos 7 personas en total, y contamos con un presupuesto de 2.000 dólares, quizá no esté dentro de las posibilidades naturales; aunque es grandioso saberlo y tener un control presupuestal básico y seguro. La plataforma se quiere enfocar mucho en este punto, no acudiendo a bases de datos nacionales, sino a través de la colaboración entre pares.

6. **¿Por cuánto tiempo quiero viajar?:** Las vacaciones no son ilimitadas. El dinero tampoco lo es. Viajar 3 días a un país

adyacente es muy diferente a viajar un mes. Es el tema quizá más objetivo, junto con la formación de presupuesto, y a través de este se pueden cumplir toda clase de necesidades y gustos específicos, personales y **temporalmente medibles.** Y este último punto es la verdadera ganancia de la plataforma: el viajero va a poder medir, en promedio, cuánto tiempo requiere para quedar satisfecho en un viaje, lo que es magnífico, teniendo en cuenta que reduce la incertidumbre considerablemente.

7. **¿Cuándo quiero viajar?:** Un tema completamente personal. La respuesta que más me gusta en este punto es "cuando se me da la gana". Sin embargo, la mayoría de personas tiene horarios apretados y su planeación es un tema realmente delicado. Lo único que es seguro, es que el clima por sí sólo ya no es la principal excusa para salir de viaje. El viajero cada vez es más fluido, pero exigente.

8. **¿Cómo quiero viajar?:** Avión, bicicleta, carro, bus, etc. No me parece muy importante profundizar mucho en este punto. Cada persona decide cómo viajar, aunque la plataforma puede ofrecer puntos de vista diferentes que mejoren las finanzas y/o el tiempo, que puede valer la pena escuchar.

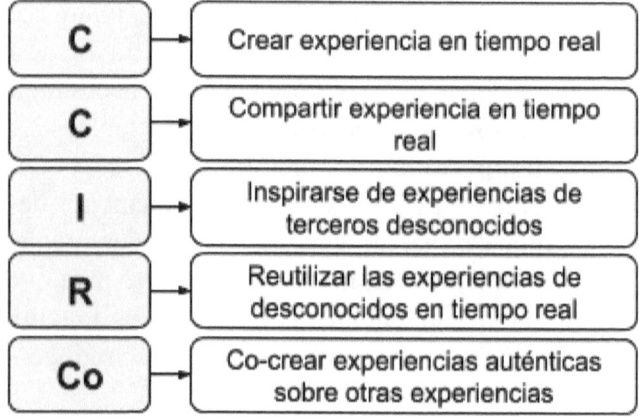

Elaboración e ideación propia

Los viajeros "(...) buscan experiencias diferenciadoras Buscan experiencias diferenciadoras, vivencias auténticas (pero comprobadas), interactuar con los locales y, por supuesto, compartirlo en las redes sociales" (Santomá, 2016). Con la metodología C²IRCO, *el viajero puede aprovechar más su tiempo al reutilizar experiencias verificadas elegidas tanto en navegación digital, como en momentos físicos, que respeten sus expectativas y gustos; poder co-crear sobre estas experiencias las propias, y de esa forma nutrir el ecosistema*. Todos los bloques son tan importantes y complementarios, que de no cumplirse alguno, el sistema completo queda bloqueado.

Me parece pertinente analizar de forma separada cada una de las partes que componen la metodología para evitar la posibilidad de entrar a cualquier tipo de ambigüedad. **Esta se divide en dos -literalmente-**, lo que quiere decir que no se comporta de forma estrictamente lineal; la razón principal es la siguiente: *no es posible reutilizar una experiencia sin que alguien más haya creado una*. A pesar de su inicial obviedad, esto es un poco más complejo de lo que se piensa, porque normalmente cuando algún viajero ingresa a una red social o a un blog de viajes para comenzar su etapa de inspiración, no piensa en los momentos a priori a este, o sea, no piensa la forma en que el escritor del blog concibió el viaje y lo plasmó en la web. En otras palabras, pueda que el inicio del proceso de viaje comience en el "dreaming", pero en ninguno de los casos este es el inicio real de una interacción, ya que antes tiene que existir el contenido. Veámoslo con más detalle:

Nota previa: es completamente válido afirmar que, aunque la metodología se divide en dos roles diferentes, en este caso **"creador de contenido"** y **"consumidor de contenido"**, no significa que no puedan ser la misma persona, o sea, el viajero. De hecho, sin importar si se trata de viajeros, comercios, residentes o traductores -los 3 últimos actores analizados en secciones siguientes-, lo verdaderamente valioso es el rol que cumple cada uno de estos. Es más, como norma para una plataforma que se base en el concepto de Peer-to-Experience, y quizá para cualquier otra plataforma social existente, se establece lo siguiente:

1. **No importa el actor implicado, pero sí importa que entre los actores se puedan**

diferenciar: Como vamos a hablarlo más adelante, un residente tiene más conocimiento de su ciudad que cualquier turista. Es importante que el turista sepa cuando crea contenido un turista o un residente, pero para la plataforma ambos cuentan como iguales.

2. A grandes rasgos, omitiendo los detalles minuciosos, existen **dos roles** dentro de una plataforma tecnológica basada en la industria de contenidos:

  - Creador de contenido.

  - Consumidor de contenido (una parte importante de consumir implica el calificar ese contenido consumido).

3. No es lo mismo un ROL a un ACTOR, por lo que:

  - Un actor puede ser sólo creador de contenidos.

  - Un actor puede ser sólo consumidor de contenidos.

  - Un actor puede ser tanto creador como consumidor, al mismo tiempo (lo más común).

No es muy complejo comprender esta parte cuando pensamos en las bases económicas de cualquier sociedad, ya que la persona promedio que tiene un empleo aplica su trabajo para CONSTRUIR un bien, ya sea tangible o intangible. Esa misma persona tiene necesidad de CONSUMIR alimentos, vivienda, auto, entretenimiento, entre muchas otras cosas. Si él trabaja en el sector de alimentos, seguramente consume parte de lo que ayuda a producir. De eso también se trata la industria de contenido digital. Yo pienso que las bases más fundamentales de cualquier ciencia son las más difíciles de refutar para generar una verdadera disrupción, pese a que su obviedad -gracias a un fuerte sentido de familiarización- da para pensar que son demasiado sencillas o básicas. ¿Has subestimado alguna vez este tipo de cosas? esperemos que no mucho.

Continuemos con la división y explicación de cada uno de los componentes de la metodología C²IRCO:

Primera parte: $C * C = C^2$

La primera parte de esta metodología se centra en el rol de creador de contenidos. Es sencillo pensar en la supremacía de la "demanda" cuando las sociedades tienen un cierto grado de madurez en sus economías, pero pensemos por un segundo la relevancia incalculable de la "oferta" durante el principio de la actividad económica de una sociedad naciente e inmadura (Steve Jobs dijo: "muchas veces la gente no sabe lo que quiere hasta que se lo enseñas."), ¿Quizá un poco más valiosa que hoy en día, cierto? bueno, cualquier plataforma inicia siendo inmadura e incipiente, así que la oferta inicial -y progresiva- es especialmente esencial. (Nota para el economista que lea estas líneas: dudo que para este contexto sea relevante iniciar una monumental disputa con respecto a sí es la oferta la que determina la demanda o viceversa.)

1. **Crear una experiencia:** este es el primer paso de la cadena, el que de forma más intuitiva todo el mundo la realiza, día a día, pero el que es más complejo sistematizar por su clara naturaleza subjetiva. Lo primero que se necesita para comprender el asunto es responder dos preguntas elementales:

    - **¿Qué es crear?:** según la Real Academia Española (RAE) crear es "Establecer, fundar, introducir por vez primera algo; hacerlo nacer o darle vida, en sentido figurado. Crear una industria, un género literario, un sistema filosófico, un orden político, necesidades, derechos, abusos." y de acuerdo a WordReference es "realizar algo partiendo de las propias capacidades." Entonces podemos pensar que **crear es utilizar las capacidades propias para realizar algo y darle vida, en sentido figurado (en este caso, una experiencia).**

- **¿Qué es experiencia?**: según la Real Academia Española, una experiencia tiene 3 definiciones interesantes: "Práctica prolongada que proporciona conocimiento o habilidad para hacer algo.", "Conocimiento de la vida adquirido por las circunstancias o situaciones vividas." y "Circunstancia o acontecimiento vivido por una persona.". Si analizamos detenidamente estas definiciones, nos damos cuenta que es sencillo descartar la primera rápidamente, ya que hace énfasis en el acto de "tener experiencia en algo". La segunda y la tercera son interesantes, ya que la segunda expresa que es un "conocimiento adquirido por una circunstancia" y la tercera dice que es una "circunstancia en sí".

Para no entrar en dilemas, prefiero establecer mi propia definición de experiencia, en pro de encajar con el análisis de modelos de negocio basados en estas: **una experiencia es una sumatoria de momentos combinados naturalmente por lugares, sensaciones, personas y energías.** El gran reto de esto es encontrar la forma de sistematizar una experiencia para que: **a)** las demás personas puedan entenderla, reproducirla y crear sobre ella y, **b)** crear otras, de forma aislada, con parámetros estandarizados.

Entendiendo el concepto de experiencia, la creación sistemática de esta es el primer paso para lograr reducir la gran brecha de subjetividad, con la finalidad de que todos los viajeros puedan "hablar el mismo idioma".

2. **Compartir:** esta es una parte natural entre familia y amigos, y lo ha sido siempre; cuando alguna tía o un amigo cercano llega de viaje, suelen pasar dos cosas:

    - Buscamos a esa persona para preguntarle sobre su viaje, o

    - Esa persona nos busca a nosotros para contarnos sobre su viaje.

El desarrollo del internet, los blogs y las redes sociales ampliaron este espectro para compartir el viaje a todo el mundo -agrega masividad-. Sin embargo, aquí existe un problema que esta metodología pretende corregir basándose en una plataforma distribuida blockchain: **a)** un lugar **centralizado** para poder encontrar cualquier experiencia sistematizada -para reducir el factor subjetivo- y completa, de cualquier idioma y cualquier ciudad del mundo, pero en **b)** una **estructura descentralizada y distribuida**, es decir, en una estructura donde los dueños del contenido compartido sea propio y no de la empresa dueña de la plataforma. En otras palabras: compartir en un directorio global y distribuido de experiencias.

Esta primera parte cumple la forma tradicional de viajar: me inspiro a través de amigos y familia, quizá un par de blogs de viaje; después hago una planeación media de hotel y vuelo, sin involucrar la infraestructura de la Economía Colaborativa de experiencias. Comienzo mi viaje en busca de experiencias a través de los hoteles, Airbnb o un amigo. Llego de mi viaje y comparto un par de fotos en mis redes sociales favoritas, esperando un "like" o un comentario. La diferencia es que se **empiezan a publicar las experiencias de forma sencilla, intuitiva y estandarizada en una plataforma especializada.** Como se puede observar en el siguiente gráfico, la experiencia independiente y natural, es lineal. Normalmente en el momento que comparto mi experiencia en Facebook o Instagram, el proceso muere para el viajero. Por eso es importante agregar la segunda parte de la metodología C²IRCO, el "IRCo".

Elaboración propia

Segunda parte: I.R.Co

Teniendo en cuenta que ya está cubierto el primer paso -la creación y publicación de experiencias estandarizadas-, comienza la **propuesta para reinventar el proceso de viaje con la mano del concepto Peer-to-Experience:**

1. **Inspiración a partir de experiencias de terceros desconocidos:** gracias a las experiencias estandarizadas, para el viajero puede ser mucho más intuitivo llegar a tomar una decisión, sin importar el lugar de destino. Este punto tiene un componente más digital de navegación en la plataforma y engloba

todo el componente de pre-viaje, explicado anteriormente.

Es relevante que la UX (user experience) sea tal, que el viajero casi ni caiga en cuenta en el hecho de que efectivamente está planificando metódicamente su viaje. Por ejemplo, Facebook tiene métricas supremamente claras en cuanto al comportamiento de sus usuarios -incluyendome, claramente-, pero los usuarios no se percatan de ello, ya que su comportamiento es casi natural, sin importar la cantidad de funcionalidades adicionales que le agregan cada cierto periodo.

He aquí un par de datos importantes, para cuantificar la importancia de este punto, tomados de la Millennial Traveller Report (2016):

- 42% afirman que las fotos colgadas en la red son parte importante de la inspiración para la elección de su próximo destino.

- La generación Millennial le da mucho más relevancia a las fuentes de confianza, como redes sociales o blogs de viaje. Su ingreso a estos es 3.7 más grandes que cualquier otra generación.

- La gente quiere experiencias verificadas. No les gusta ser los primeros en probar algo nuevo. (He aquí la importancia previa de "creación").

- Más del 60% quieren tener la situación bajo control al viajar (fuerte parámetro de planificación e inspiración previa).

- 80% esperan recibir ofertas interesantes o recomendaciones de destinos en función a sus preferencias, necesidades y presupuesto.

- Los millennial esperan tener experiencias personalizadas, es decir, premian la flexibilidad por encima de la rigidez.

Lo que estos datos significan es que la dinámica de viajar ha venido cambiando, y el componente digital es cada vez más natural, y pese a que se trata de una generación más "flexible" que otras, también les importa la planificación previa y las experiencias verificadas. Lo que el mundo suele pensar de "los millennials son personas que viajan por viajar y explorar lugares locos y extraños", es cierto hasta cierto punto, ya que no tienen las preferencias intuitivas para ser los primeros en visitar un lugar no verificado, ¿y por qué? bueno, normalmente uno viaja a un sitio para satisfacer las expectativas que ya tiene establecidas, sin mucha sorpresa. *La sorpresa positiva es el postre, no el plato principal.*

2. **Reutilización de experiencias de terceros desconocidos:** ¿Qué es reutilizar? bueno, no es más que la capacidad de poder utilizar algo una y otra vez hasta que su vida útil llegue al máximo, y así evitar el despilfarro. Esta definición viene pensada para los productos. Las experiencias tienen otro tratamiento, ya que por más que las personas las utilicen, nunca se van a desgastar. Es más, si existe una tendencia natural de que se vuelvan más sólidas con más usos. Y ahora una pregunta natural: ¿si no se desgastan, entonces para qué razón reutilizarlas? bueno, por dos razones principalmente:

- **Los viajeros buscan experiencias verificadas:** ¿Es mejor visitar una isla paradisiaca en busca de encontrar algo grandioso, o escuchar a una serie de personas que fueron a esa isla y no solo vivieron una serie de experiencias maravillosas, sino que las describen de forma completa para que yo las pueda vivir también, y pueda tomar la decisión de si en realidad me interesa visitarla, en función de mis expectativas? es simple: lo primero le agrega incertidumbre al viaje y lo segundo, agrega confianza y seguridad. Si no quiero utilizar el recurso, soy libre de no utilizarlo, pero no por eso va a dejar de estar disponible para mí (pensemos en el internet en general y cuánta cantidad de información nos estamos perdiendo por simple y natural desconocimiento).

- **El tiempo es limitado en comparación al número de experiencias que podemos llegar a vivir:** he aquí el punto principal del asunto. No se trata de reutilizar experiencias porque estas tengan o no la característica de depreciación. Se trata de que el tiempo es un recurso muy limitado y de reutilizar estas experiencias, se puede aprovechar mucho mejor, en función de las necesidades, gustos y expectativas de cada persona. A diferencia de un taladro que se reutiliza por una filosofía de cero tolerancia al consumismo masivo, el tiempo no se puede volver a comprar, sea cual sea la filosofía que guíe mi vida. No se trata de física cuántica; se trata de nociones básicas y de sentido común.

De esta forma, y comprendiendo lo anterior, reutilizar puede ser entendido bajo el seudónimo de "aprovechar".

Para poder aprovechar la reutilización de forma satisfactoria es importante contar con ciertas herramientas tecnológicas, como la geolocalización que rastree puntos de interés a través de algoritmos de preferencias, los filtros inteligentes, notificaciones de acuerdo a radios predefinidos y potencialmente el Machine Learning o la Inteligencia Artificial (IA). Como nombre anteriormente, plasmar, inspirarse, reutilizar y co-crear debe ser un proceso intuitivo y amigable, en este y en cualquier otro modelo de negocio colaborativo, por lo que el componente UI/UX toma especial relevancia que no puede quedar en un segundo plano. Reducir a una plataforma todo el proceso -o un gran porcentaje- de una serie de tomas de decisión, simplificarlo y reinventarlo para agregarle naturalmente el componente de sinergia gracias a la colaboración masiva entre pares, de forma física y digital, es un reto nada fácil de cumplir, pero cuando puede mejorar la vida de muchas personas automáticamente comienza a adquirir sentido.

3. **Co-creación de experiencias propias basado en experiencias de terceros desconocidos:** 4 días antes de que yo esté escribiendo esta línea de texto, una página web realiza una publicación independiente acerca de la diferencia entre Crowdsourcing y co-creación, abordando un poco el tema de la Economía Colaborativa. Una definición de co-creación me llamó mucho la atención y es la que voy a citar a continuación: co-creación es "un ejercicio que genera una colaboración mutua entre las dos partes para lograr un resultado final y provechoso para todos" (RAE). Siento que, efectivamente, de esto se trata el acto de co-crear: lograr un resultado final y provechoso para todos (así no los conozcamos) a partir de la colaboración entre las partes. Ahora bien, ¿en P2X quienes son las partes? **la primera parte es la persona que reutiliza la experiencia y la segunda parte es la experiencia misma, que un tercero desconocido encapsula en una plataforma para el goce de futuros visitantes interesados.** Si fuera una persona, y no una sumatoria de momentos encapsulados, entonces no existiría la usabilidad masiva en armonía con la interacción física que diferencia a P2X de otras manifestaciones de Economía Colaborativa.

Pensemos lo siguiente: la experiencia está ahí, dispuesta a dejarse utilizar por quien lo desee, cuantas veces lo desee y cuantas personas lo deseen. Llega una persona, un viajero en nuestra aplicación al turismo, con el objetivo de reutilizarla -*atención: no olvidemos que tanto la persona puede llegar a la experiencia, como la experiencia puede llegar a la persona.*- En efecto la reutiliza, pero algo falta o algo sobra: una sensación, un momento, una persona, o, simplemente, algo adicional está pasando a nuestro alrededor que la experiencia de ese tercero no tenía documentado. Como buen viajero, simplemente aprovecha el momento y se deja llevar por las nuevas sensaciones.

¿Qué está pasando en esa situación? se reutiliza una experiencia, se aprovecha, pero también nace algo nuevo sobre ella; se documenta en la aplicación en beneficio de que cuando otro viajero llegue a ese mismo sitio, ya no solamente escuche la versión del viajero A, sino que también sepa que el viajero B vivió otra cosa, aprendió otra cosa o sintió otra cosa. Está logrando un resultado final y provechoso para todos. Este viajero está co-creando. Este es el mecanismo de funcionamiento de la metodología CIRCO, como manifestación del concepto Peer-to-Experience.

Elaboración propia

He aquí algo muy importante: de forma asertiva, recordando a la famosa ley 80/20 de Pareto, la toma de decisión es de tan sólo el 20% del proceso viajero, afectando al 80% de la satisfacción personal, plasmada en la experiencia persé del viaje y su futuro sharing -y es lógico: es ineficiente gastar más tiempo en la inspiración y planeación que en el goce del viaje-, y es por esa razón que la metodología respeta esta proporción, como se observa en la siguiente imagen:

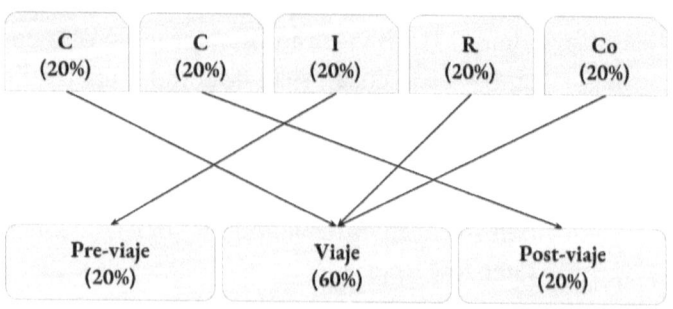

Elaboración propia

Durante la inspiración, planeación y reserva del viaje, se encuentra la "I" de inspiración. Está parte se realiza de forma digital, interactuando tanto con las experiencias plasmadas en la plataforma, como con los viajeros que las crearon y co-crearon. El experiencing y el sharing son el escenario donde se va poder llevar a cabo el 80% de la metodología, al crear experiencias con contenido valioso, en tiempo real, y compartirlas a todo el ecosistema automáticamente, además de poder reutilizar las experiencias pasadas de terceros desconocidos, tanto por elección como por notificación de acuerdo a estándares de geolocalización y parámetros de gustos, expectativas y necesidades, para después co-crear experiencias propias sobre las experiencias reutilizadas. La aplicación tiene la capacidad de realizar todo este proceso de manera intuitiva e interactiva.

El rol del residente

"Lo que en realidad conoce un residente, nunca lo va a poder conocer un turista durante un par de días". Está frase del autor, inspirada de la nueva corriente de post-turista, trata de explicar que por más que un turista recorra las calles de Barcelona -o cualquier otra ciudad del mundo-, no va a conocer Barcelona como lo conoce un Barcelonés; y más que un problema es una oportunidad incalculable para el ecosistema propuesto. Dentro del aplicativo se puede diferenciar entre el rol del viajero y el rol del residente, **depende del lugar geográfico en que se encuentre la cuenta**. El residente peruano, cuando publique contenido, a modo de experiencia, dentro de sus fronteras -Lima, por ejemplo-, va a tener una distinción distinta a cuando publica contenido estando en Mauricio, a partir de algoritmos de localización del dispositivo. La información que un residente puede brindar es tan valiosa como la del turista que pasea por sus calles, pero diferente: ¿Cuáles son los barrios indeseados de Melbourne? o ¿En qué supermercado Somalí es más económico comprar?. Estas y otras muchas preguntas pueden ser respondidas más certeramente por el residente que por un turista que ha estado 1 mes en Somalia. De eso se trata la interacción.

Pueda que este corto apartado se sienta como muy alejado de potenciales modelos de negocio en otros sectores de la Economía, pero esto también lleva una corta reflexión: **existen detalles únicos dentro de un ecosistema, que de obviarlos, no contarlos u olvidarlos, el ecosistema nunca será un verdadero ecosistema, así, reitero, el detalle sea casi ridículo a primera vista**. Lo más interesante de esto es que todos los sectores cuentan con un detalle que es simplemente esencial. ¿Quien va a pensar en un residente durante la creación de una aplicación descentralizada pensada para el turismo mundial? bueno, personalmente siento que parte del éxito dependerá de este factor. Espero iterar rápidamente por si me equivoco, aunque la manifestación del fracaso o del éxito dure años.

Formación de reputación y confianza digital a partir de la calificación

Uno de los pilares más importantes de la Economía Digital y, en particular, de la Economía Colaborativa es la creación de mecanismos de reputación dentro de una comunidad tecnológica, siendo esta la "nueva moneda social" (Botsman, 2013). Es por esta razón que la plataforma tiene el deber de diseñar estándares de evaluación para cada rol implicado, de forma física y digital. Es sumamente simple: si no existe construcción de confianza, ninguna propuesta de Economía Colaborativa va a ver la luz del día, por más revolucionaria que se conciba.

Siendo ciudadano latinoamericano, colombiano más específicamente, siento que tengo la responsabilidad de exponer el gran reto de esta parte del mundo; y dentro de mi ser lo veo más como una oportunidad de renacimiento, más que un defecto social estructural que no esté permitiendo a las plataformas de Economía Colaborativa florecer: **la falta de confianza.** En el siguiente párrafo me voy apoyar en un teórico reconocido que estudia la relación entre el nivel de confianza social con el desarrollo económico de un país, pero también voy a exponer mi punto de vista personal, más que un intento de ofrecer caminos teóricos; soy economista, amante de las finanzas y el emprendimiento tecnológico colaborativo y

Blockchain, pero no tengo conocimiento claros de psicología social, sociología o antropología. Aprovecho este espacio para que alguno de estos profesionales, si llega a leer este libro, me escriba y me brinde su valioso punto de vista.

En el documento llamado "Retos y posibilidades de la Economía Colaborativa en América Latina" escrito en junio de 2017 por el Banco Interamericano de Desarrollo (BID, por sus siglas), hay un párrafo que describe tan bien esta problemática, con citas del politólogo Francis Fukuyama (1992) y de un estudio de Latinbarómetro (2015), que realmente vale la pena plasmarlo casi en su totalidad (las negrillas son mías):

> Fukuyama (1992) señala las diferencias entre las sociedades de baja confianza y de alta confianza, y sus implicaciones en el desarrollo económico. En las sociedades de baja confianza, el temor a ser traicionado o defraudado lleva a los actores económicos a confiar solo en aquellos de los que se tiene un conocimiento muy profundo (...). Esto tiene implicaciones directas sobre la productividad y competitividad (no se elige al más capaz para el trabajo, sino aquel con quien existe una relación de confianza previa) (...). Por el contrario, en las sociedades de alta confianza (...), las relaciones económicas son más líquidas, lo que favorece la competitividad y el desarrollo económico. De acuerdo con cifras del Latinobarómetro (2015), **"las cifras de confianza interpersonal en América Latina son las más bajas de la Tierra"**. En el indicador de

> confianza interpersonal para 2015 **solo un 17% de los latinoamericanos dice que se puede confiar en un tercero.** (Sanchez, 2017)

La veracidad de la anterior cita se puede comprobar hoy, 2017, 25 años después de que Fukuyama escribiera esa relación entre confianza y desarrollo, con sólo mirar las redes sociales; más específicamente las noticias que hablan de cualquier tema con los políticos. "Para 2020 va a verse reflejado el impacto de las 4G en el PIB colombiano", tiene como encabezado una noticia. La mayoría de reacciones en Facebook son en tono de burla irónica y en tono de enojo: "no faltaba más, si los políticos sólo se dedican a robar", "deberían matar a todos los políticos corruptos que no sirven para nada" son algunos de los comentarios de odio y descontento que se ve en noticias como esta. Está claro que hoy en día se está viviendo una de las crisis de corrupción política más grande en latinoamérica, con Colombia, Brasil, Argentina y Chile, por ejemplo, y la desaprobación a esas conductas son completamente comprensibles. Pero cuando te sientas con alguien que juzga todo eso y lo observas como naturalmente soborna a un guardia de policía para que no le ponga una multa, ves como toda convicción se va a la basura.

No es una coincidencia que entre menos confianza hay, la corrupción abunda, sin importar su dimensión. ¿Cuál es el problema estructural en todo esto que hace que sólo el 17% del latino pueda confiar en un tercero? esta es una pregunta que mucha gente ha intentado responder, y quizá no en vano, pero el reto sigue siendo gigante. Sin confianza no hay prosperidad en la Economía Colaborativa, ya que es la base fundamental, quitando a la tecnología. La tecnología es un detalle de masividad y accesibilidad, pero nada más.

Existe un quiebre (y ese es el quiebre que aqueja a muchos teóricos). Colombia tiene barrios enteros que durante las fiestas nacionales ocupan las calles para celebrar como si todos fueran una misma familia. Los ecuatorianos y los peruanos son personas supremamente amables con los extranjeros, al igual de los argentinos. Es completamente común que una persona acuda a su familia o a sus amigos para pedir prestado objetos -o prestarlos-, **dinero o conocimientos.** Todo mundo se abraza amablemente y las groserías - con un buen objetivo - muchas veces acercan a las personas, en vez de alejarlas. Podría continuar y llenar páginas enteras contando la amabilidad y servicialidad de un latino, pero no lo voy a hacer, porque lo importante es intentar ofrecer una explicación sensata a este problema, con el fin de co-crear con los lectores y buscar una solución natural a este problema tan delicado.

De manera personal, considero que pueden ser dos los factores problema, sin desmentir ninguno de los anteriores párrafos:

1. **Desconfianza con respecto a la tecnología:** no es un secreto para nadie que los índices de pagos, compras y transferencias a través de medios electrónicos, a pesar de que es un sector que está actualmente en crecimiento, son unos de los más bajos del mundo. En mi país todavía el efectivo manda, simple. Siento que lejos de ser un tema de educación financiera, es un tema de percepción del estilo de "si no lo veo es porque no existe"; es decir, el dinero vale para la gente cuando lo tiene en la billetera físicamente, y punto. Hoy en día todavía existen sectores completos que manejan gran parte de su operación sin utilizar el sector financiero para realizar sus transferencias -olvidando el cobro de impuestos y tarifas de transacción a veces abusivas-. Todo se resume en la ausencia de confianza. ¿Cómo voy a hacer una consignación a la cuenta de mi proveedor a través de mi celular si me lo pueden hackear? claramente, a pesar de que existe el riesgo, el peligro es un factor mucho más probable mientras se retira el dinero desde un cajero.

La Economía Colaborativa se basa casi esencialmente en transferencias electrónicas y contacto digital antes de utilizar el bien o servicio. Si el contacto digital no existe, por ausencia de confianza, todo el sistema colapsa. Esto requiere de un análisis exhaustivo y acciones claras que logren abordar de manera efectiva el problema.

2. **Desconfianza con un tercero lejano:** la confianza posiblemente existe en los barrios o comunidades cercanas, pero cuando esa confianza se quiere replicar en un tercero lejano, que posiblemente nunca llegue a ver de frente en toda mi vida (como un político o un banquero, por ejemplo) algo negativo sucede comienza a primar el temor a ser estafado o engañado.

Dos temas delicados, presentes en América Latina, conviviendo con muchos otros. Como dije con anterioridad, esto es una oportunidad, más que un problema estructural.

6

P2X blockchain: introducción al modelo de negocios

Facebook, Twitter, Instagram, Snapchat, WeChat y Redit pueden ser consideradas las redes sociales más grandes del mundo. Estas pertenecen a la industria de los contenidos digitales, valorado por más de USD 100.000 millones. La dinámica es la siguiente: existen 4 puntas en su modelo de negocio.

1. Creador de contenidos (usuarios).
2. Consumidor de contenidos (usuarios).
3. Plataforma intermediaria. (Facebook, etc.)

4. Empresas que pautan publicidad.

El valor de las redes sociales depende de sus usuarios, sin duda. El acceso a estas es completamente gratis. Ahora bien, ¿cómo gana dinero Facebook? a través de la pauta de publicidad por parte de las empresas. Las empresas pagan a Facebook y Facebook muestra los anuncios a sus usuarios, con algoritmos de segmentación. Sin embargo, ¿Cuánto dinero ganan los usuarios, que son los que realmente tienen valor dentro de la red? nada y posiblemente nunca vayan a ganar nada. Este es uno de los problemas de los intermediarios, siendo las redes sociales un extremo radical. Si se diseña una plataforma de contenidos, en forma de experiencias de viaje, con el fin de que los usuarios consuman ese contenido, califiquen y reutilicen estas experiencias en el mundo real, y el modelo se reproduce de la misma forma, **Peer-to-Experience no cumpliría una de sus finalidades filosóficas: no contar con intermediarios y empoderar a los usuarios que nutren todos los días la red.**

La solución propuesta es utilizar la tecnología blockchain para construir la plataforma de colaboración de experiencias de viaje, entre viajeros y residentes, ya sean consumidores o creadores de contenido y que de esa forma no existan entes de intermediación.

Siguiendo la idea anterior, ¿si la plataforma no tiene un dueño directo, en forma de corporación, entonces cómo puede mantenerse y cómo es el modelo de negocios? estas son dos preguntas diferentes que se van a responder a continuación. Blockchain es una tecnología que permite la transferencia de valor entre usuarios de la red, a partir de Tokens o Criptomonedas; es decir, aquel que quiera utilizar -y aprovechar- la red tiene la obligación de ayudarla a mantener, y, a cambio, recibe Tokens -denominado minería, en la tecnología Bitcoin-, igual que en las concepciones más básicas de todo asentamiento económico: **los billetes, dentro de un país, son distribuidos a los que trabajan dentro de ese país y aportan a su desarrollo. La diferencia radical en Blockchain es que no existe la concepción de Banco central y sólo en cierta medida, la concepción de gobierno.**

Siendo así, la economía geográfica es la red de viajeros y los trabajadores son los que producen y consumen contenido, en forma de experiencias de viaje; es decir, los viajeros. Siguiendo este razonamiento, y a diferencia de plataformas tradicionales, ¿quiénes son los que, en esencia real, deben recibir los Tokens -o en otro modo: las ganancias de la red-? los mismos viajeros. A modo de ejemplo se puede clarificar el concepto: existe un algoritmo "padre" que elige un límite de emisión de Tokens, a través del tiempo. Este algoritmo designa a un algoritmo de calificación el ritmo y los parámetros de emisión, diseñado por los desarrolladores de la aplicación, a cada usuario, dependiendo del nivel de contenido que consuma y produzca; es decir, la emisión monetaria depende de cuantas calificaciones realice un usuario al día, de cuantas experiencias propias suba a la plataforma, de cuantas veces haya reutilizado una experiencia de un tercero desconocido y de cuantas veces haya co-creado sobre una experiencia pasada -satisfaciendo la metodología C²IRCO-. **De esta forma, el trabajo -o la prueba de trabajo en Bitcoin- aplicado a la red se mide a partir del nivel de interacción social entre los viajeros y residentes, tanto digital como físicamente.**

Entre más interacción social física y digital haya, por la llegada de más usuarios viajeros a la red, la emisión comienza a ser distribuida masivamente y una mayor cantidad de usuarios va a ser propietario de este token -llamado TravelCoin (TRC de ahora en adelante)-. Sin embargo, ¿Cuánto vale el TRC en el momento de su emisión y distribución? cero dólares, y **la razón esencial es que, a pesar de contar con el atributo de escasez a largo plazo, el TRC no cuenta con el atributo de poder de cambio. Ningún usuario puede cambiar su moneda por otra moneda fiat o por bienes y servicios, hasta el momento.** Para que el TRC posea valor de cambio es importante introducir a la red otro agente de interés: el comercio que esté interesado en mostrar sus productos y servicios a una red de usuarios, ya sean viajeros activos o potenciales, o sea, **el comercio turístico**, en primer medida.

Y he aquí la revolución blockchain en la industria de contenidos y la industria publicitaria digital, valorada en un poco más de USD 193.000 millones: el comercio turístico se quiere mostrar ante potenciales clientes, en la red, pero anteriormente se especifica que nadie puede pertenecer a la red si no posee tokens de red, en este caso TRC. Así que si quiere pautar en esta red, tiene que poseerlos. Existen dos formas:

1. Trabajando para conseguirlos: publicar y consumir contenido con la esperanza de ganar lo suficiente para pautar -definido a través de un algoritmo de precios-, como cualquier otro usuario de la red. O,

2. *Comprar el acceso a la red a sus usuarios; es decir, comprar el derecho de pautar directamente a sus mismos clientes potenciales, a través de una exchange de monedas, a cambio de monedas fiat -dólares y euros principalmente-.*

En este modelo no existe una empresa llamada Facebook que retenga todas las ganancias mientras los usuarios publican y consumen contenido de forma gratuita. En este modelo todos los derechos de publicidad pertenecen a sus usuarios, y aceptar a una empresa para que sus bienes y servicios, en forma de experiencia, tengan un nivel mayor de visibilidad en la red, **implica aplicarle valor de cambio a los TRC. Si los comercios turísticos se encuentran interesados en pautar ante una red de viajeros, nace la demanda del Token.**

> *En otras palabras, P2X blockchain permite ganar dinero a sus usuarios por viajar, vivir experiencias auténticas verificadas y compartirlas en la red.*

Pero no es todo. Para que la filosofía de máxima interacción física se cumpla, en beneficio del valor de cambio del token en cuestión, es importante aplicar otro principio de demanda y una tercera razón para que los comercios deseen pautar en la red -y los usuarios hacer parte de está-:

> 3. cualquier comercio, de cualquier parte del mundo, puede pautar y tener una visibilidad sobresaliente en la red, **sin la necesidad o requerimiento de incurrir en gastos de publicidad digital.** A cambio de esto, los usuarios de la red puedan hacer uso de sus bienes y servicios, entregando sus tokens -TRC-. Ejemplo: un comercio lituano en vez de pagar USD 1.000 de publicidad digital, decide aceptar USD 3.000 en forma de tokens de usuario, y posteriormente cambiarlos en una exchange de monedas digitales autorizadas, por dólares o utilizarlos para pautar en esta red.

De acuerdo al estudio Travel Retail (2014), el mercado de viajes minorista mundial está valorado en USD 63.500 millones al año. Es una gran oportunidad aprovecharlo. Sin embargo, las webs tradicionales de viajes están enfocadas en la etapa de pre-viaje (como por ejemplo, todas las webs de booking de hoteles y vuelos). Es momento de brindarle la industria de contenidos digitales, a la industria de publicidad turística digital y al mismo mercado de viajes una alternativa de pensamiento.

La pregunta final: ¿los fundadores y desarrolladores del aplicativo que ganan a cambio, si no existe una empresa centralizada con fines de lucro directo? es sencillo: de la emisión total esperada del Token, los fundadores e inversionistas retienen al principio de la operación un pequeño porcentaje del total, entre el 5% y el 15%. Su valoración depende del valor de cambio del Token. Si la emisión total es de 100 millones de monedas y los fundadores e inversionistas retienen el 15% de esta, y el Token puede llegar a ser valorado individualmente por USD 1, entonces las ganancias de los fundadores e inversores será de USD 15 millones. ¿De qué depende esto? del comportamiento y sinergia de la misma red. O todos ganan o todos pierden.

El rol del traductor

Durante la etapa de inspiración, un viajero selecciona y planifica su destino a través de una serie de tomas de decisión guiadas en torno a unos intereses, gustos y expectativas personales. Como se especifica en capítulos anteriores, el viajero realiza esto observando experiencias de terceros desconocidos. El tema subyace en que cada persona domina una serie de idiomas diferentes y por no conocer alguno puede no llegar a encontrar la experiencia anhelada. Es en este punto donde nace la necesidad de contar con una colaboración adicional por parte de la comunidad: la traducción. De esta forma pueden aparecer filtros de idiomas predefinidos, con la finalidad de que el viajero solo vea lo que puede llegar a entender y disfrutar en su totalidad. Veamos el siguiente ejemplo:

Martín quiere volver a tener unas vacaciones en mitad del próximo año. Ahora está usando activamente la aplicación propuesta y desea comenzar a inspirarse a través de experiencias vividas en Estambul, Turquía. Él habla a la perfección el alemán y el inglés por lo que su filtro de experiencias muestran sólo las que están escritas en ese idioma. Sin embargo, se está perdiendo de las experiencias vividas por viajeros y plasmadas en otros idiomas, incluyendo al ciudadano turco, que habla en idioma turco.

Por otro lado, está Abdul, un viajero árabe que visitó la temporada pasada Estambul. Él no habla ingles, pero si domina el árabe, el turco y el alemán. Además de crear contenido en la plataforma, también se dedica a ganar Tokens traduciendo publicaciones -experiencias de terceros desconocidos- de:

a. árabe a alemán
b. alemán a árabe
c. turco a alemán
d. alemán a turco
e. turco a árabe
f. árabe a turco

De esa forma, el viajero que no maneje turco, pero sepa árabe, ya va a poder disfrutar e inspirarse de experiencias creadas inicialmente en un idioma diferente al que domina. Gracias a Abdul, Martín puede disfrutar en alemán las experiencias creadas en turco y, de esa forma, tener un "dreaming" más completo.

Aquí es donde nace el concepto de "bola de nieve": Martín ahora que puede disfrutar de una experiencia inicialmente plasmada en árabe, también puede traducir esa experiencia de aleman a ingles, idioma que domina, a cambio de Tokens TRC. Si esto se repite una y otra vez, viajero a viajero, la inspiración de todos puede mejorar exponencialmente, al tener la capacidad de observar, en su idioma, experiencias de terceros que no lo manejan. Tanto el viajero, como el residente y el traductor (que pueden ser las mismas personas) cumplen uno de dos roles: crear contenido o consumir contenido. Sin embargo, como es importante que intuitivamente se puedan diferenciar los unos con los otros en el momento de acudir a una experiencia, para evitar estropearla operativamente, el formato de experiencia es el mismo, a diferencia del color:

- Experiencias creadas por viajeros: **naranja.**
- Experiencias traducidas: **verde.**
- Experiencias creadas por residentes: **azul.**

y adicionalmente,

- Experiencias pautadas por comercios, contando con una visibilidad mayor: **rojo.**

Estructura de la aplicación descentralizada

Recordando la estructura de una red social, analizada en este mismo capítulo, esta plataforma la modifica en torno a los roles y recepción de ganancias devengadas por interacción social, gracias al poder de la tecnología blockchain.

1. **Creador de contenido:**
    a. Viajero (gana por interacción)
    b. Traductor (gana por interacción)
    c. Residente (gana por interacción)
    d. Comercio (paga por visibilidad)
2. **Consumidor de contenido:**
    a. Viajero
    b. Traductor

c. Residente
   d. Comercio

3. **Administrador del código:** fundadores y colaboradores como entidad sin ánimo de lucro.

Bajo esta estructura, es posible resaltar dos puntos de disrupción:

1. Las ganancias de red -y la información de bases de datos- no son centralizadas por una corporación. Cualquier agente que, como resultado de su interacción social tanto física como digital, haga fortalecer la infraestructura de la red en pro de la misma red, merece una compensación a cambio.

2. El comercio no es un agente diferente a cualquier otro, y, por ende, no debe permanecer aislado. Pese a que puede pagar por visibilidad adicional, también tiene la facultad de aportar al crecimiento de la red. De hecho, la pauta de un comercio no quiere ser concebida como "publicidad dirigida", sino como un complemento valioso para el viajero -y el residente- durante su proceso de pre-viaje y experiencing..

7

Parámetros esenciales para generar modelos de negocio bajo el concepto Peer-to-Experience

En capítulos anteriores, *explicamos el nuevo concepto de Peer-to-Experience como potencial mejora a la infraestructura actual de la Economía Colaborativa, lo desarrollamos a través de la metodología C^2IRCO y lo aplicamos en un emprendimiento real -activo y en constante desarrollo por parte del autor de este libro- dentro del sector turístico mundial, apoyado bajo tecnología blockchain.* Por ende, el siguiente paso lógico es establecer unas bases prácticas, teniendo en cuenta lo aprendido, para que tanto el concepto como su metodología puedan ser replicados fácilmente en futuros y diferentes modelos de negocio y, de esa forma, crear un ecosistema de experiencias en general.

Parámetro 1: un problema por encima de todo

> *Si no hay problema, difícilmente habrá una empresa exitosa.*

La economía no es difícil de comprender si se hace uso constante del sentido común; las complejas ecuaciones y simulaciones que intentan comprender el mundo son sólo el resultado de que nosotros mismos hemos querido observar todo de manera más complicada, o, quizá, sólo se trata del hecho que lo hemos complicado todo con el paso del tiempo. Sin embargo, los fundamentos se mantienen y estos suelen ser simples. Es importante entender muy bien lo simple y partir de ahí.

Una de las preguntas más importantes de todo el mundo empresarial se resume en lo siguiente: *¿Por qué alguien compra algo?*

La respuesta, en fortuna, es más simple de lo que parece: *porque ese "algo" es percibido como la mejor solución a un problema que aqueja a ese alguien.* Entonces, todo se resume en lo siguiente:

1. **Identifique un problema,** preferiblemente que ocasione un "dolor inmenso" -es decir, que el consumidor busque con desesperación una solución-.

2. **Piense en una solución.**

3. Pregúntese a sí mismo si sus **capacidades son las necesarias** para construir esa solución.

4. **Construya la solución** realizando prototipos sencillos, con base en metodologías ÁGILES.

5. **Lance su solución** al mercado.

6. **Aprenda:** es muy difícil que tu primera solución sea exitosa, así que debes aprender de cada cliente para ir perfeccionando esa solución poco a poco, hasta llegar a la adecuada. Para eso se necesita aplicar el procedimiento (del punto 2 al punto 5) muchas veces, muy rápido y muy barato. Esto se llama, aunque no sea descrito de forma completamente exacta, método Lean Startup.

A pesar de que el "paso a paso" es algo que por naturaleza le encanta a la gente, la dura realidad llega tarde o temprano, y la verdad es que el acto de emprender es cosa de héroes, ya que el caos que es necesario manejar es inimaginable por la ausencia innata de un "paso -a- paso". Gracias a esto, vamos a romper un poco nuestro paso a paso anterior al introducir dos preguntas de la vida real, que hacen del emprendedor una persona talentosa para la resolución de problemas:

1. ¿Las personas *realmente saben* que tienen un problema?

2. Suponiendo que sean conscientes de alguno de sus problemas, ¿las personas **realmente buscan** una solución de forma activa?

Steve Jobs dijo: "muchas veces la gente no sabe lo que quiere hasta que se lo enseñas." Y en parte tiene razón, ya que... ¿antes del Ipod, quien necesitaba -o quería- guardar 1.000 canciones en su bolsillo? probablemente nadie, pero aun así Apple hoy no sólo es la marca más valiosa del mundo, sino que también es la empresa más cara del mercado, con un valor superior a los USD 800.000 millones, es decir, el 5% de todo EEUU.

Poniendo otro ejemplo, nadie pensó en la posibilidad de conducir un auto antes de verlo. Henry Ford dijo: "Si le hubiéramos preguntado al consumidor, hubiera pedido caballos más rápidos." Por lo que consultar a un cliente sobre la aprobación o desaprobación del concepto de "automóvil" antes de poder llegar a verlo, sentirlo y usarlo era casi una pérdida de tiempo. Entonces, si la gente no sabe que quiere un Ipod, un auto o usar Instagram y Uber, entonces tampoco va a buscar a nadie para conseguirlo. ¡Hay que salir a buscar a los clientes, enamorarlos y aclararles que lo que ellos quieren tu se los puedes dar." Simple, pero extremadamente complejo.

Por lo tanto, para no morir en el intento -tan rápido-, el mejor camino es mostrar **prototipos funcionales** -lo que dentro de la industria Startup se llama Producto Mínimo Viable (PMV)-, al consumidor, para que este lo pruebe y se de cuenta si lo quiere o no; y si lo quiere, para que sepa que parte le gusta y qué parte no le gusta, con el único fin que tu hagas las respectivas modificaciones en tiempo real y sin estudios de mercado costosos y -aveces- alejados de la realidad extremadamente dinámica en la que vivimos.

Consejo #1: muchas veces hay que presentarle una solución al consumidor antes de que este sepa que tiene un problema.

Consejo #2: la gente quiere sentarse, no quiere una silla. La solución puede tener múltiples caras y fases, pero el problema, desconocido o no, debe ser simple.

Y por último en esta sección, para mi el más importante de todos:

Consejo #3: busca un problema dentro que ti, que te haga sufrir a ti. De esa forma vas a utilizar la pasión -y tus capacidades- para resolverlo de la mejor manera. (yo sufro con el desorden y la falta de información personal - verificada que aqueja al sector turístico mundial, porque no me ayuda a tomar decisiones rápidas y completamente satisfactorias al momento de elegir un destino de viaje.)

Parámetro 2: la infinidad de posibilidades como base fundamental

Pensemos en que tenemos un Porsche Targa 911. Además de eso, somos amantes de los automóviles de lujo y nos damos cuenta de que encontramos un problema que nos hace sentir dolor: *no sabemos cuáles pueden ser los mejores accesorios para adorar nuestro vehículo* y deseamos crear una aplicación que, a través de la colaboración, podamos elegir lo mejor para nosotros; un estilo de "marketplace" o "Second Hand", posiblemente. .

¿Este modelo de negocio -siendo un ejemplo muy básico como para decir que realmente puede ser un modelo de negocio- encaja en los parámetros de la Economía Colaborativa y, más específicamente, en los parámetros del concepto Peer-to-Experience? la respuesta es sí y no. Veamos porqué.

Nuestro modelo de negocio se puede enfocar en el intercambio de accesorios de lujo de segunda mano para automóviles de lujo, organizando a una comunidad digitalmente. Hasta este punto se puede decir que encaja en alguna de las categorías de consumo colaborativo, como el Swapping o el Second Hand, porque si contempla de forma inherente la reutilización de un bien. Sin embargo, no encaja en los parámetros de Peer-to-Experience por dos simples razones:

1. **La ausencia física de lo "ilimitado":** este modelo de negocio, por más rentable y sostenible que pueda llegar a ser, no contempla el primer elemento fundamental del Peer-to-Experience, la necesidad de una infinidad de posibilidades. Realmente, ¿es imposible que el dueño de un Porsche Targa 911 pueda probar, a través de su vida, todos los accesorios que se ajusten a este automóvil? considero que no solo no es imposible, sino que, con dedicación, es muy posible que en menos de un año cumpla la tarea. ¿Pero entonces, de acuerdo a estas ideas, por qué si podría encajar en alguna de las categorías de Economía Colaborativa? porque en realidad este modelo de negocio si desea llegar a optimizar algo, a través de la reutilización, con apoyo de una comunidad; el problema es que lo que desea optimizar no se encuentra dentro de los parámetros de Peer-to-Experience.

2. **¿qué es lo que se quiere optimizar gracias al uso de la plataforma?:** ya comentamos que si es muy posible tener la posibilidad para probar todos los accesorios de un Porsche Targa 911, o de potencialmente cualquier otro automóvil de lujo. ahora bien, ¿realizar esa

labor se encuentra dentro de las posibilidades económicas de una persona? ah, bueno, está ya es una pregunta completamente diferente, que requiere un análisis completamente diferente. Analicemosla un poco.

Se supone, aunque no es una regla irrompible, que alguien que posee un Porsche Targa 911 tiene los medios económicos para su mantenimiento y para comprar los accesorios que desee. Sin embargo, también es cierto que dedicarse a comprar todos los accesorios para decidir cuál es el que mejor se ajusta a sus gustos personales encaja perfectamente dentro de una pésima decisión financiera. Entonces, lo que realmente este modelo de negocios pretende **optimizar es el dinero**.

Siguiendo con el curso de las ideas, es relevante especificar cuál es el recurso a optimizar que se encuentra dentro de los parámetros de Peer-to-Experience.

Parámetro 3: el tiempo como recurso limitado

Yo siempre he pensado que el dinero es un eje importante para los mecanismo internos de una sociedad moderna, pero no puede ser considerado el fin de esta. Ponerlo en el peldaño más alto del capitalismo es un error del mismo capitalismo y parte de la filosofía Peer-to-Experience se enfoca en devolver al dinero al peldaño que en realidad se merece: un peldaño medio.

La vida de una persona promedio se resume en lo siguiente:

1. Nacer
2. Entrar a estudios primarios (y pagar)
3. Entrar a estudios medios (y pagar)
4. Entrar a estudios universitarios (y pagar)
5. Trabajar en busca de dinero, aplicando lo aprendido en todos esos años de estudio.
6. Buscar una pareja
7. Tener hijos
8. Seguir trabajando para poder mantener a los hijos.
9. Pensionarse (si es que en 20 años todavía existe esa posibilidad)
10. Disfrutar el tiempo que queda de vida (si es que la pensión es tal que se lo permita)

Entonces, lo que realmente define el ciclo de vida de una persona es la búsqueda incesante de dinero para mantener una vida medianamente conforme y sin emociones. En la décima etapa, en la que una persona se dedica a disfrutar el tiempo, esa persona ya ha perdido más del 80% de su vida, sin contar las energías. Hay algo equivocado en esta ecuación, ¿no creen? bueno, así funciona la sociedad moderna porque no se ha concebido otra forma para subsistir. Es muy complejo cambiar eso, pero lo que sí podemos hacer es apartarnos un poco y pensar que el recurso realmente valioso y limitado, desde los primeros años de vida, es el tiempo. En otras palabras, **la filosofía Peer-to-Experience y los modelos de negocio subyacentes tienen que centrarse en la optimización del tiempo ante posibilidades ilimitadas.**

Teniendo un problema que nos aqueja, en mi caso los viajes, y teniendo un mundo de posibilidades a la que se enfrenta ese problema, en mi caso todas las ciudades del planeta tierra, entonces, como siguiente paso, hay que procurar que el modelo de negocio que se esté concibiendo, **cumpla con una solución de optimización del tiempo, y no del dinero.**

Es momento de darnos cuenta que un centavo lo podemos recuperar rápidamente, como muchos empresarios han salido de la quiebra, pero un segundo... un segundo es invaluable. Si no lo aprovechamos con pasión, este se irá y nunca volverá.

Parámetro 4: la toma de decisión como necesidad inherente

Ya sabemos que lo que busca el concepto Peer-to-Experience, a través de la metodología C²IRCO, es optimizar el tiempo, siendo este el recurso más valioso del ser humano, bajo escenarios de posibilidades ilimitadas, mediante soluciones apoyadas en una comunidad digital establecida. Y eso implica que en lo que realmente el modelo de negocios se tiene que basar es **procurar facilitar la toma de decisión, con el fin de que está sea más acertada y satisfactoria.**

Este punto es esencial al momento de diseñar funcionalidades tecnológicas dentro de la aplicación, ya que la comunicación Persona-Aplicación tiene que ser muy atractiva, pero sobre todo, debe estar enfocada en hacer que los usuarios tomen decisiones de forma más sencilla. Para este punto me parece vital estudiar sobre User Experience, para los que no lo conozcan y/o dominen ya, o, en su defecto, contratar a un profesional especializado en el tema.

Parámetro 5: la interacción física como consecuencia de la colaboración

La Economía Colaborativa quiere que las relaciones entre personas se ejecuten en medios digitales, pero que el impacto de esas relaciones ocurra en el mundo físico. Peer-to-Experience no se aleja de este punto, como ya lo habíamos analizado en capítulos anteriores. No es suficiente encontrar una solución a un problema que tenga muchas posibilidades, y que a través de las tomas de decisión ágiles se pueda optimizar el tiempo. Es un requerimiento obligatorio que en alguna parte del proceso, exista la invitación para ejercer la interacción física; es decir, que la solución en sí no se encuentre dentro de las cuatro paredes de la casa de nadie.

A pesar de que algunas personas puedan creer que la interacción física es ineficiente estando en un entorno donde las computadoras y los dispositivos móviles tienen la capacidad para brindar la mayoría de las respuestas, siento que, como hablé anteriormente del dinero, estos aparatos tienen que ser herramientas o medios necesarios para conseguir algo, pero no pueden convertirse en la finalidad de las relaciones sociales. Los momentos inolvidables de la vida se establecen afuera de estos.Veamos el ejemplo de Tinder, está famosa aplicación de citas casuales. Los fundadores, de forma muy inteligente, comprendieron que una relación se puede establecer por medios virtuales, pero que el verdadero éxito se da cuando una pareja se encuentra físicamente.

Parámetro 6: apunta a que 20 personas te amen primero, pero proyecta el futuro a todo el mundo

Este ha sido un gran reto para la mayoría de aplicaciones de Economía Colaborativa, ya que conservan cierta tendencia a establecerse en comunidades cercanas. Esto pasa exactamente con el boom de la cerveza artesanal y es la misma razón del porqué las grandes marcas no ven todavía una amenaza real en estas: son muchas, pero cada una se establece en un barrio o en un perímetro manejable. Esto no es competencia para una industria que fabrica más de 400 millones de hectolitros de cerveza al año (como es el caso de AB Inbev).

Para que la Economía Colaborativa sea una corriente realmente disruptiva para todos los sectores tradicionales -o, por lo menos en los que puedan llegar a tener una aplicación rentable- es necesario que el modelo de negocios sea fácilmente escalable a otros países, sin perturbar estructuralmente su operatividad. Este es uno de los más grandes retos, pero es tan necesario como el identificar un problema.

Las pequeñas y medianas empresas, a pesar de que son el actor dominante en la mayoría de los países, en temas de empleo, por ejemplo, no aportan tanto valor económico como lo hace una gran empresa. Pensemos en cuántas pequeñas empresas estadounidenses se necesitan reunir para que equipare el poder económico de Apple o Uber. La respuesta es que se requieren demasiadas empresas, y son, quizá, tantas que la misma falta de sinergia les puede llegar a impedir naturalmente que alguna vez logren compararse con estos dos monstruos.

Es entendible que existe una "barrera de entrada" al mundo de las grandes y mundiales empresas, pero es labor esencial del emprendedor que desde el inicio plantee el objetivo de serlo, ya que existen miles de modelos de negocio que por su naturaleza no están diseñados para crecer demasiado o muy rápido. Entonces, se necesita responder una pregunta adicional: *¿hasta qué punto puede llegar a crecer mi*

Startup? si la respuesta es "no demasiado", entonces es mejor pensar en desarrollar otra idea.

Claramente la enseñanza no va enfocada en el hecho de salir al mercado y ofertar la solución a todo el planeta, ya que eso muy pocas veces funciona. En palabras de Steve Blank (2013), un famoso emprendedor veterano de Silicon Valley y profesor de la Universidad de Berkeley, en su libro *El manual del emprendedor,* lo que si toca hacer en etapas iniciales es conseguir 20 personas que amen tu producto a 1.000 personas que sólamente les guste, y a partir de sus gustos empezar a escalar rápidamente su negocio a otros horizontes.

Parámetro 7: la cuarta pata de la mesa es la experiencia

En este momento tenemos 3 bases fundamentales para iniciar cualquier tipo de emprendimiento. Si las vemos como patas de una mesa, serían estas:

1. Problema
2. Habilidad de construcción
3. Solución

Con estas 3 patas, bien ajustadas y firmes, una Startup reduce considerablemente su riesgo de quiebra. Sin embargo, la teoría empresarial tradicional se puede encontrar en cualquier libro, y es por eso que debe incluirse el factor clave para introducir el concepto Peer-to-Experience en el mundo de los modelos de negocio de forma exitosa: **la experiencia.**

4. Los modelos de negocio basados en la experiencia

Los sectores económicos se componen de personas, y cada una de estas personas se alimenta día a día de experiencias. Utilizar estas experiencias ocultas como materia prima para generar modelos de negocio basados en Peer-to-Experience, que den solución a un problema que implique una serie de tomas de decisión, dentro de un entorno de posibilidades ilimitadas con la finalidad de optimizar nuestro recurso más limitado: el tiempo. Esta es la clave que ha estado oculta en los recuerdos de cada persona desde los principios de la humanidad. Si este componente se añade a la infraestructura de la Economía Colaborativa, no solamente resuelve su problema estructural, sino que también la lleva a un siguiente nivel.

Mira la industria en la que te desempeñas todos los días, ya sea la mecánica, la enseñanza, la biotecnología, la fotografía o el arte. Ahora mira el hobbie o deporte que practicas con pasión todos los días. A continuación, piensa en todas las personas del mundo que han pasado por tu industria. *¿Habrías tomado mejores decisiones de vida si hubieras tenido la posibilidad de conocer sus experiencias y haber aprendido de ellas?* o mejor aún, *¿consideras que si* *las personas pueden tener acceso a tus experiencias pasadas, tomarían potencialmente mejores decisiones de vida?* si la respuesta es positiva para ambos casos, entonces es momento de que comiences a desarrollar un modelo de negocios escalable, creciente y sostenible para ayudar a las actuales y próximas generaciones que vayan a pasar por tu industria y/o tu hobbie a tomar mejores decisiones de vida.

Nunca olvides que todo emprendimiento debe realizarse en beneficio de la humanidad, por más pequeño que este sea. El deber de todo ser humano es dejar un grano de arena positivo para hacer de este mundo, un lugar más agradable. El camino es largo, pero vale la pena intentarlo.

Parámetro 8: ¡la importancia de medirlo todo!

Para aquellos que dicen que las matemáticas y la estadística no sirven para nada, están encerrados en un error de proporciones inimaginables, y más aún si se trata de un emprendedor.

No hay nada más importante durante el proceso de sacar adelante una Startup que tener control cuantificable en cada ámbito que es de su competencia. Dedica una fracción de tu valioso tiempo para recolectar estadísticas de tu sector, tratarlas y diseñar métricas que te ayuden a tomar decisiones de crecimiento. Si no tienes puntos de partida, nunca podrás avanzar adecuadamente.

Parámetro 9: el reto de la estandarización

Nunca olvidemos que estamos emprendiendo con una materia prima tan subjetiva, como lo es una experiencia, que me atrevo a afirmar que la labor de estandarización es la tarea más retadora. ¿Cómo lograr conseguir que, en la industria de biotecnología, los profesionales de todo el mundo puedan comprenderse a través de una aplicación tecnológica de contenidos, partiendo de un único formato de publicación?

Está pregunta se la debe hacer cada uno de ustedes, y aquel que la logre responder, esta un paso más adelante para desarrollar modelos de negocio exitosos dentro del concepto de Peer-to-Experience.

Consejo #1: dediquen tiempo a este punto. A pesar de que parece un punto trivial, se van a dar cuenta de la dificultad implícita. Lo único que les puedo decir es que cada industria necesita prácticas de estandarización 100% diferentes. Utilicen su imaginación.

Parámetro #10: monetizando experiencias: un tema de creatividad

¿Cómo hacer de un modelo de negocio basado en experiencias, un modelo de negocio rentable? una pregunta que no sólo aqueja a los emprendedores de Economía Colaborativa, sino a todos en general. Una cosa es desarrollar una aplicación tecnológica; otra cosa es que esa aplicación contenga una solución para alguna persona; otra es que con esa aplicación se pueda llegar a ganar dinero y otra cosa muy diferente es que con esa solución se pueda crear un modelo de negocio sostenible, creciente y rentable.

Para el caso de los modelos de negocio basados en experiencias, hacer uso del Blockchain como parte de la definición de monetización me parece un buen camino, así como yo lo estoy haciendo con el modelo de negocio de viajes. Pero para esto, es importante definir la forma por la cual el Token personal pueda llegar a tener usabilidad y una demanda creciente. El Blockchain por sí sólo no sirve de mucho, si no se tienen los fundamentos muy definidos.

El tema de la monetización no es para tomar a la ligera. La mayoría de veces es necesario realizar varias pruebas, del estilo "intentar-fallar", y esto se puede comprobar fácilmente viendo a Tinder. Su modelo de ingresos se ajusta únicamente a ellos; ni Facebook ni Snapchat ni Wechat podría imitarlo. Y si queremos observar el ejemplo más penoso, podemos analizar rápidamente el caso de Twitter, la startup enfocada en microblogging, que cuenta con un poco menos de 400 millones de usuarios y aún no ha logrado definir de forma satisfactoria su modelo de ingresos. Ya intentó con publicidad paga y no funcionó, y ahora quiere probar con un modelo de suscripción. Amanecerá y veremos. No todas las grandes startups pueden generar USD 7.000 millones en ventas cada trimestre (como es el caso de Facebook y su exitoso modelo de publicidad segmentada).

Consejo #1: las empresas sólo mueren por dos razones: falta de creatividad y falta de caja. Una empresa puede sobrevivir años teniendo pérdidas, pero si por un sólo día le hace falta el efectivo, no hay nada que hacer.

Consejo #2: el 100% del éxito depende de dos cosas: 1% de ideación y 99% de transpiración. Nunca olviden este. Una idea por si sóla no representa absolutamente nada.

8

Turismo mundial: el copo de arena dentro de un mundo de posibilidades

El Peer-to-Experience expuesto durante este libro, y su metodología C²IRCO, fue aplicado a un modelo de negocios blockchain, en forma de red social de turismo mundial. Sin embargo, las aplicaciones de este, como las mismas aplicaciones del Blockchain, quedan abiertas a un mar de posibilidades, ya sean dentro de un mercado laboral o un hobbie como el automovilismo. Todos los sectores económicos tienen experiencias inherentes, únicas y ocultas. Lo único que hace falta es descubrir su utilidad y su valor agregado.

Existen muchas aplicacione que, sin análisis previo, se me ocurren, como es el caso de las experiencias de trabajo, las experiencias de enseñanza o las experiencias de litigios. Con respecto a las experiencias de trabajo, por ejemplo, ¿a cuántos puestos de trabajo un profesional podría aplicar, en todo el mundo? esto podría considerarse un problema con posibilidades ilimitadas y que requieren de una delicada toma de decisión más una interacción física obligada -salvo los casos de teletrabajo-. Estoy seguro que muchas -millones, quizá- personas hubieran agradecido la oportunidad de escuchar las experiencias de trabajo de ex empleados y empleados activos, antes de aplicar a un puesto de trabajo y pasar. Y a ti, ¿qué idea se te ocurre para poder cambiar el mundo a partir de las experiencias ocultas que todos tienen?

9

Categorías de la Economía Colaborativa

De la web Sharecollab, una comunidad del ecosistema de la Economía Colaborativa en Colombia (http://www.sharecollab.co/connectingthedots/) me gustaría extraer las categorias existentes de esta corriente, para que los interesados también puedan emprender en estas:

1. **Carpooling:** coche compartido.
2. **RideSharing:** viajes compartidos.
3. **BikeSharing:** bicicleta compartida.
4. **P2P CarSharing:** compartir automóvil entre

particulares.
5. **Coworking:** espacio de trabajo compartido
6. **Maker Space:** espacio de inventores compartido.
7. **Urban Gardening:** Huertas urbanas.
8. **Food Hubs:** Alimentos compartidos.
9. **Coops:** cooperativas digitales.
10. **Coliving:** viviendas compartidas.
11. **Decentralized energy:** energias alternativas.
12. **Digital Fabrication:** fabricación digital.
13. **User Cops:** cooperativas de usuarios.
14. **Swapping:** trueque digital.
15. **Recycling:** reciclaje
16. **Repaircafe:** reparación compartida.
17. **Toollibraries:** librerías abiertas.
18. **Second Hand:** compartir los usados.
19. **Opendata:** datos abiertos.
20. **Citizen Participation:** participación ciudadana.
21. **Crowdfunding:** financiamiento colectivo.
22. **Local Currencies:** monedas digitales.
23. **P2P Lending:** préstamos entre particulares.
24. **Guide Turistiche:** guias turisticas.
25. **Home Swapping:** intercambio de casas.
26. **Short Rental:** alquileres.
27. **Social Eatings:** comidas sociales.
28. **P2P Learning:** aprendizaje entre particulares.
29. **Time Bank:** bancos de tiempo.
30. **MOOCS:** curso online masivo abierto.

Referencias

(n.d.). Retrieved from
   http://www.cuantas.net/ciudades-hay-en-el-mundo/
Antonopoulos, A. M. (2015). *Mastering Bitcoin*. O'Reilly.
Bagó, A. C. (2014). *Vivir mejor con menos: Descubre las ventajas de la nueva economía colaborativa*. Conecta.
Blank, S., & Dorf, B. (2013). *The startup owner's manual: The step-by-step guide for building a great company*. K & S Ranch Publ.
Blog de turismo. (n.d.). Retrieved from https://www.ostelea.com/es/actualidad/blog-turismo/las-cinco-fases-organizacion-cualquier-viaje
Botsman, R., & Rogers, R. (2011). *What's mine is yours: The rise of collaborative consumption*. Collins.
Blockchain y la economía compartida 2.0. (2016, June 27). Retrieved from https://www.ibm.com/developerworks/ssa/library/iot-blockchain-sharing-economy/index.html
C. (2016, February 24). Al final de este artículo, entenderás la tecnología blockchain en general (y Ethereum, una... Retrieved from https://medium.com/@ConsenSys/al-final-de-este-a

[rtículo-entenderás-la-tecnología-blockchain-en-genera](rtículo-entenderás-la-tecnología-blockchain-en-general-y-ethereum-una-81992945f7ff)[l-y-ethereum-una-81992945f7ff](rtículo-entenderás-la-tecnología-blockchain-en-general-y-ethereum-una-81992945f7ff)

Expedia. (2016). Millennial Traveller Report. Retrieved from https://www.foresightfactory.co/wp-content/uploads/2016/11/Expedia-Millennial-Traveller-Report-Final.pdf

Gimeno, R., Palacios, N. R., Fernández, Á L., Rodríguez, G., Cortés, J., García, J. G., . . . Marote, D. (2017, July 21). Guía básica para entender de una vez qué es eso del 'blockchain'. Retrieved from https://retina.elpais.com/retina/2017/07/13/tendencias/1499945987_724507.html

Gimeno, R., Palacios, N. R., Fernández, Á L., Rodríguez, G., Cortés, J., García, J. G., . . . Marote, D. (2017, July 15). Tres motivos para dudar de las bondades del 'blockchain'. Retrieved from https://retina.elpais.com/retina/2017/07/14/tendencias/1500022312_761618.html

Krugman, P. R. (2014). *¡Acabad ya con esta crisis!* Booket.

Nakamoto, S. (2009) *Un sistema de dinero en efectivo electrónico Peer-to-Peer.* Retrieved from https://bitcoin.org/es/bitcoin-documento

Noyan, B. (2016, March 24). The Unicorn List 2016. Retrieved from http://fortune.com/unicorns/

Santomá, R.;. Decano de la facultad de turismo y dirección hotelera Santignasi (ESADE-URL). (2017, May 22). 'Millennials': Bienvenidos al mundo de las experiencias. Retrieved from http://www.elperiodico.com/es/mas-valor/20160425/millennials--bienvenidos-al-mundo-de-las-experiencias-5082850

Sánchez, C. B., Bagó, A. C., & L., D. L. (2017, June 05).

Retos y posibilidades de la economía colaborativa en América Latina y el Caribe. Retrieved from https://publications.iadb.org/handle/11319/8308
San Cristobal, D. (2015) Economía Digital e Internet de las cosas.
  Retrieved from
    http://economiadigital.etsit.upm.es/wp-content/uploads/2015/12/DiegoSancristobal.pdf
Tapscott, D. (1997). *Economía digital*. Makron Books.
Travel Retail: A $60 Billion Business. (n.d.). Retrieved from https://www.fungglobalretailtech.com/research/travel-retail-report/
UNCTAD (2017). Retrieved from http://unctad.org/es/paginas/PressRelease.aspx?OriginalVersionID=399
Vallejo, L. C. (2017, February 13). Lecciones de la ciudad líder en Economía Colaborativa. Retrieved from http://www.youngmarketing.co/lecciones-de-la-ciudad-lider-en-economia-colaborativa/
Viajero, turista y post-turista. (2013, March 05). Retrieved from https://caminosestrechos.wordpress.com/2013/03/05/viajero-turista-y-post-turista/
Villacija@rvillaecija, R., R., & S. (2017, July 17). El turismo ha muerto: Ahora lo que se lleva es el 'post turismo'. Retrieved from http://www.elmundo.es/papel/todologia/2017/07/17/5967b0d2268e3eba1d8b4675.html
What is Ethereum? (n.d.). Retrieved from http://www.ethdocs.org/en/latest/introduction/what-is-ethereum.html

www.ingramcontent.com/pod-product-compliance
Lightning Source LLC
Chambersburg PA
CBHW031437210526
45464CB00005B/2239